人民币中亚区域化模式与路径研究

牛风君　李明　著

中国商务出版社
CHINA COMMERCE AND TRADE PRESS

图书在版编目（CIP）数据

人民币中亚区域化模式与路径研究 / 牛风君，李明

著 . -- 北京：中国商务出版社，2022.5

ISBN 978-7-5103-4267-7

Ⅰ . ①人… Ⅱ . ①牛… ②李… Ⅲ . ①人民币—金融

国际化—研究 Ⅳ . ① F822

中国版本图书馆 CIP 数据核字 (2022) 第 065620 号

人民币中亚区域化模式与路径研究
RENMINBI ZHONGYA QUYUHUA MOSHI YU LUJING YANJIU

牛风君　李明　著

出版发行：中国商务出版社

地　址：北京市东城区安定门外大街东后巷 28 号　　邮　编：100710

网　址：http://www.cctpress.com

电　话：010-64212247（总编室）　010-64515163（事业部）

010-64208388（发行部）　010-64255862（直　销）

印　刷：宝蕾元仁浩（天津）印刷有限公司

开　本：710 毫米 × 1000 毫米　1/16

印　张：9.25

版　次：2022 年 8 月第 1 版　　印　次：2022 年 8 月第 1 次印刷

字　数：144 千字　　定　价：68.00 元

前　言

自2008年全球金融危机爆发以来，人民币国际化进程的加快推进，受到中国政府的重视，不仅表现在跨境贸易人民币结算规模的不断扩大上，还表现在人民币离岸中心的建立等方面。随着全球政治经济的发展，在世界体系中不仅中国国际影响力越来越大，人民币在国际社会中的认可度也得到了提升，人民币国际化进程在逐步有效地推进。2015年12月，人民币成功纳入特别提款权（SDR），成为人民币迈向国际舞台的新起点，对人民币在国际上的影响力产生了积极的促进作用，同时也加快了人民币国际化的步伐。

大多数学者认为，中国人民币国际化进程的推进路径之一是人民币的区域化，而东南亚国家一直是政府和学者研究人民币区域化的焦点，但同样作为中国重要的周边战略合作国家的中亚五国，却一直被忽略。随着中亚国家经济发展及资源战略地位的不断提升，中亚国家慢慢进入世界各大经济势力的眼帘，纷纷努力使中亚国家能够成为自己的资源供给及战略伙伴国。

随着中国经济的迅速崛起，对石油、矿产等资源的需求也不断加大，加强中国与具有丰富资源的中亚国家之间的合作关系显得日益重要。因此，不断深化中国与中亚国家的经贸往来，在丝绸之路经济带建设的背景下，人民币实现中亚国家的区域化具有较大的潜力。

本书对人民币中亚区域化模式与路径进行了深入研究，通过对货币区域化模式的理论及国际实践经验的总结，分析人民币中亚区域化模式的现状及影响因素，并提出了适合人民币中亚区域化的模式与路径。通过研究，得出以下结论：

第一，中亚国家地处亚欧大陆中心地带，是亚欧大陆的交通要道，具有战略资源和能源蕴藏丰富等特点，因而，其必然地成为大国争夺的焦点。中亚国家是中国的近邻，是中国西北边疆的安全屏障和经贸、能源等领域的战略合作伙伴。

第二，通过对人民币中亚区域化的经济效应进行检验得知，中国与那些贸易密切、规模较小的国家构建货币区的可能性较大。从长期来看，人民币中亚区域化的推进，对中国而言，收益是不断扩大的；对中亚国家而言，人民币区域化具有规模效应，网络外部效应的不断扩大，同样使得中亚国家能够从中分享更多的收益。因此，此战略举措的经济效应是各方共赢的。

第三，通过对主要货币区域化实践经验进行比较分析发现，货币区域化无一例外地需要具备强大的经济贸易基础、发达的金融市场及货币价值的稳定性等条件。而在具备条件的基础上，这一实践仍然需要一个漫长曲折的过程。

第四，从货币职能角度进行分析，人民币中亚区域化仍处于起步阶段。虽然人民币在中亚国家跨境使用取得了一定的进展，但从相对比重而言尚不占优势。

第五，对人民币中亚区域化模式选择的影响因素不仅包括宏观因素，还包括微观行为选择方面的影响。

第六，推动人民币中亚区域化的最佳模式是以市场自发为主，政府推动为辅的层次渐进式的次区域化模式。此模式从空间和职能双层面强调了人民币中亚区域化的模式选择，更多地根据市场发展的需求自发选择和形成，政府则根据市场的选择结果提供相应的辅助支持作用。

本书的研究创新之处在于，随着中国国际地位的不断提升及综合国力的不断增强，人民币国际化与区域化的研究已经成为全球热点问题，但至今为止，人民币中亚区域化的研究少之又少。本书将选取中亚作为研究视角，构建人民币中亚区域化模式与路径的研究框架。因此，本书的选题和研究具有一定的新颖性。通过现有文献及实践可以发现，推进人民币中亚区域化的难度较大。而本书的研究将基于人民币中亚区域化模式选择的现状，对人民币中亚区域化模式选择进行综合而系统的分析研究，并为人民币中亚区域化探索出创新型的模式与深化路径，进而为人民币中亚区域化实践提供一定的学术理论支持。

人民币区域化是一个长期且复杂的过程，也是一个需要解决的问题。这不仅是一个单纯的货币问题，其涉及许多研究领域及行业。本书的研究只是对人民币中亚区域化的模式和路径做初步的探索，研究视角还有待进一步拓宽。由于学术水平有限，书中可能仍存在个别问题，研究内容还有待深入。总之，人民币中亚区域化仍面临诸多困境和挑战。但无论从中国与中亚国家经贸合作基础上看，还是从国内外政治经济形势看，人民币中亚区域化都具有广阔的前景。

作　者

2022 年 3 月

目 录

第一章

绪　论

1

第一节　研究的背景与意义

一、研究的背景

自 2008 年全球金融危机发生以来,人民币国际化得到中国政府的大力推进,不仅表现为跨境贸易人民币结算规模的不断扩大,还表现在人民币离岸中心的建立等。随着全球政治经济的不断发展,在世界经济体系中不仅中国的国家影响力越来越大,而且人民币在国际社会中的认可度也得到了提升,人民币国际化正在逐步有效地推进。2015 年 12 月,人民币成功纳入特别提款权货币篮子(SDR),成为人民币迈向国际舞台的新起点,这对人民币在国际上的影响力产生积极的促进作用,同时也会促进和加快人民币国际化进程。大多数学者认为,人民币国际化的推进路径之一是人民币的区域化,而其中东南亚国家一直是政府和学者关注的焦点,但同样作为中国重要的周边战略合作伙伴的中亚国家,却一直被忽略。随着中亚国家经济发展及资源战略地位的不断提升,世界各大经济势力纷纷为使中亚国家能够成为自己的资源供给及战略伙伴国而做出努力。随着中国经济的迅速崛起,对石油、矿产等资源的需求不断加大,加强中国与中亚国家的合作关系及推进人民币中亚区域化显得尤为重要。

(一)金融危机加剧中国与中亚国家合作风险

改革开放以来,经过多年的快速发展,中国已成长为经济大国,在世界经济体系中占据重要地位。2016 年中国的经济发展水平保持良好,其中,国内生产总值为 12.25 万亿美元,已经成为仅次于美国的第二大经济体;进出口贸易总额为 3.68 万亿美元,继续保持第一贸易大国的地位;外汇储备为 3.01 万亿美元,仍然是全球最高的国家。通过世界经济金融的历史发展经验可以发现,市场竞争和市场选择的结果是一个国家的货币能否成为国际通行的货币的本质，而货币发行国强大的经济和金融实力却是市场竞争和市场选择的基础。通过比较可以发现，中国不同于其他国际通行货币国，在当前的中国，存在着一种世界经济史上前所未有的不匹配关系，即中国在世界贸易和金融领域中占据重要地位，而人民币的国际地位却不高。

2008年美国金融危机的爆发，波及和影响到全球的经济发展，预示了美元在当前国际货币体系中的霸权地位被动摇，由此，在一定程度上消弭了国际货币体系中存在的缺陷和风险。美国在发生次贷危机之后，为了恢复其经济的发展，联邦储备银行推出了量化宽松的货币政策，以此来抵御美国经济通货紧缩。而这种宽松政策给世界其他国家或地区带来了许多经济问题和金融风险，如流动性过剩、通货膨胀、汇率波动、资产泡沫等。中国国家发改委对外经济研究所原所长张燕生表示："中国的外贸企业受国际金融危机的影响将会面临不可预计的汇率波动风险。人民币开始在与周边国家和地区进行贸易往来时充当结算货币，这就使得人民币区域化加快迈出重要的一步。"中国社科院金融研究所货币理论与货币政策研究室研究员彭兴韵指出："由于人民币汇率较为稳定，中国为推进人民币国际化进程实施了跨境贸易人民币结算，先后在多个城市设立试点，为中国与周边国家和地区的贸易往来提供便利，并通过减轻汇率波动对经济的冲击，来降低企业的成本压力。"

近年来，中国与中亚国家的经贸往来日益频繁，跨境贸易人民币结算也在逐步有效地推进，但美元仍作为区域内贸易的支付货币和结算货币。而同时，中亚国家发展水平较低，抵御风险能力较弱，金融危机的爆发必将带来汇率的剧烈波动，这无疑给中国与中亚国家的经贸合作带来巨大的风险。因此，为应对全球金融危机，加快国际货币体系改革，加强中国在中亚国家的战略合作地位，推进人民币中亚区域化，无疑是明智之举。

（二）"丝绸之路经济带"建设的提出

中亚国家地处亚欧大陆中心，是连接亚欧的陆上桥梁。中亚作为古丝绸之路商业贸易往来的必经之地，集结了多种思想文化、民族和宗教。其中对中亚国家具有影响力的文化主要有儒家文化、伊斯兰文化、阿拉伯文化、印度文化以及俄罗斯文化。几千年来，丝绸之路一次次因遭遇挫折而关闭，又一次次重新开通，由此导致中国西北及中亚国家成为丝绸之路上的经济塌陷区，特别是中亚国家当前仍面临经济发展落后和基础设施建设差等困境。

"丝绸之路经济带"的提出，旨在进一步深化经贸合作，推进区域一体化，实现区域经济和社会共同发展的共赢局面。中亚国家推动经济发展的首要途径就是搞好基础设施建设，而基础设施建设具有融资规模大，建设周期长，资金回收期长等特点，因而需要非常多的资源和资金去共同推动，但现有金融体系无法满足这一巨大的资金缺口。为响应"丝绸之路经济带"建设而成立的丝路基金和亚投行将为中亚国家的经济发展及基础设施建设提供重要的资金支持。同时，这也将带动中国与中亚国家的经贸合作，为推进人民币中亚区域化发展奠定良好的基础。

中国人民大学国际货币研究所所长贾圣林认为，对于中国本身而言，推进人民币国际化将会进一步巩固中国在世界经济发展中的地位。而对于世界其他国家而言，人民币国际化进程的加快将有利于改变当前世界货币体系格局，有效规避危机可能带来的风险。中国提出的"一带一路"倡议的积极推进对于人民币在沿线国家的使用将会具有很好的促进作用。"一带一路"建设必定会带动沿线国家的经贸合作，丝路基金、亚投行等多边金融机构也将为沿线基础设施建设较为薄弱的国家提供资金支持等。因此，一个人民币货币区将会在"一带一路"沿线国家之间形成。[①]

（三）中亚国家的地缘战略地位及大国货币博弈

广义的中亚，北部是正在东山再起的俄罗斯，西部是"颜色革命"频发区域，南部是纷争不息的伊斯兰世界，东部则与日益和平崛起的中国接壤。处于如此重要的战略位置，以及战略资源和能源蕴藏丰富的中亚国家必然成为大国争夺的焦点。在现代历史上，曾经作为苏联加盟共和国的中亚国家[②]，形成了其国家安全所系的地缘战略边疆和缓冲地带。冷战结束以后，中亚国家纷纷独

---

① "一带一路"助推人民币区域化 [N]. 文汇报, 2015-10-10.

② 此为狭义的中亚，所谓的"中亚五国"。其包括哈萨克斯坦、乌兹别克斯坦、塔吉克斯坦、吉尔吉斯斯坦和土库曼斯坦。

立，成为国际法的新主体，并在国际格局中形成新的地缘战略空间。而新独立的国家在经济实力和军事实力等方面均处于劣势，并且各个国家大小不一、国力参差不齐，因此中亚国家就出现了"权力真空"的现象，大国便将其作为角逐的战略目标。特别是"9.11"事件以后，打着反恐的旗号进驻中亚的美国，使得该地区政治风险进一步加大，能源资源争夺更加激烈。因此，中亚国家的地缘战略地位是不容忽视的。

大国关系在中亚地区的集中反映之一便是国际货币竞争。目前国际货币中的美元、欧元、英镑等是中亚国家金融体系中的主要货币，但作为独联体国家，卢布在中亚国家仍保持着一定的地位。除此之外，人民币也慢慢进入了中亚国家的金融流通体系。其中，在中亚国家金融体系中竞争的货币主要为美元、卢布和人民币，而货币竞争的本质就是这几个国家在中亚区域内的实力博弈及影响力展示。

自中亚五国独立以来，中国与中亚国家一直使用美元进行贸易结算，而人民币只是零星地使用在边境贸易中，不成规模，这直接影响人民币在中亚国家的留存数量。直到2009年，人民币国际化进程加快，中国政府开始注重与中亚国家的经贸往来及人民币在中亚国家跨境贸易流通中的使用。尽管中国与中亚国家的对外贸易结算货币仍然是以美元为主，人民币的使用数量有限，但也出现了较为明显的增长。当前，中国与中亚国家之间开展的合作日益密切，经贸往来深入发展，在外交关系方面也得到了全面升级，因此，人民币在中亚国家的货币职能将得到更广泛的发挥。

（四）人民币区域化的地域差距较大

近年来，中国与周边国家的经济、贸易往来日益密切，尤其是与东南亚国家。人民币在东南亚国家的区域化优势十分突出，在世界范围内，除了在本国领域之外，人民币在东南亚地区的被接受程度表现出最高水平，人民币的业务量也开始快速增长。而人民币在中亚国家的流通和使用仍然无法与东南亚相比。

纵观东南亚区域，人民币无论是在使用量还是在接受程度上，都已经成为该区域仅次于美元的国际货币，在部分国家已经成为"硬通货"。人民币在东南亚区域的结算比例也比较高，尤其是在边境贸易中这一比例更高一些。而在中亚国家中，人民币的使用量远远不及美元、欧元、卢布等，人民币在中亚居民中的认可接受程度也较为有限。

为进一步推进人民币在东南亚区域化的进程，2013年4月中国在新加坡设立了人民币离岸中心，并以人民币为计价货币开始发行债券，这标志着人民币在东南亚国家将发挥投融资的货币职能，通过与表3-2（第46页）中货币区域化进程阶段总结性的对比可以知道，人民币在东南亚国家的区域化已迈向中高级阶段。而在中亚国家，人民币在贸易结算和投融资等货币职能发挥方面并不完善，没有形成一个专门针对人民币回流的渠道，中亚国家要投资人民币产品还必须依赖中国香港等地的金融机制。由此可见，人民币在中亚国家的区域化尚处于起步阶段。

东南亚相对于中亚国家而言，除了历史经济因素的影响外，中国—东盟自由贸易区对人民币的区域化推进也发挥了重要的作用。中国—东盟自由贸易区的正式启动标志着本区域将进入零关税时代。自由贸易区的形成不仅有利于区域货币的选择，而且有利于货币的区域化，而人民币则是受益货币之一。

（五）跨境人民币流通工作的顺利推进

自2008年全球金融危机发生以来，中国政府在积极推进人民币国际化进程中做出了很多努力，其中就包括跨境贸易人民币结算的战略部署与推进。国务院决定实施跨境贸易人民币结算的先行试点工作，首先，在有条件的企业中开展试点，试点企业已从初期的300多家快速增长到上万家。其次是选择了五个先行试点城市：上海、广州、深圳、珠海、东莞。进一步扩大试点范围，增加至18个省（自治区、直辖市）之后，再覆盖到全国。2015年10月，人民币跨境支付系统（一期）成功上线运行，境内外金融机构人民币跨境和离岸业务都将通过人民币跨境支付系统完成资金清算、结算服务。同时，该系统也为中国企业"走出去"，用人民币直接到境外投资提供了便利和有效的基础支撑。

值得一提的是，新疆地处中国西北边境，是中国与中亚国家进行经贸往来的陆上必经之地，其地缘战略优势无可比拟。因此，中国政府决定将新疆最先作为跨境直接投资人民币结算试点。跨境贸易人民币投资试点的开展工作主要内容就是以人民币作为计价货币进行对外投资，即允许境内企业使用人民币在境外开展投资活动，而在境外的中资企业或项目可以获取境内银行提供的人民币贷款。2013年8月，全国首个"关外"离岸人民币金融业务试点区在霍尔果斯设立。由中国人民银行总行正式下发的《关于中哈霍尔果斯国际边境合作中心跨境人民币创新业务试点的批复》，标志着中哈霍尔果斯国际边境合作中心具有比深圳前海、上海自贸区还优惠的特殊的离岸人民币政策。这不仅有利于促进和扩大境内企业的对外投资，还有利于为境内企业的对外投资提供资金保障。该业务试点区的成功启动，对中哈霍尔果斯国际边境合作中心聚集国内外资本、技术、人才等各类资源具有促进作用，也为在新疆成立国际金融融资中心、中国—中亚本外币挂牌交易结算中心等提供有力保障。

人民币跨境流通工作的顺利推进，为人民币区域化的发展奠定了良好的基础。当前，东亚地区的人民币区域化正有序地推进。加快人民币在中亚国家的区域化发展，也将为人民币成为亚洲区域关键货币提供重要支撑。

二、研究的意义

（一）理论意义

1. 从理论上对主权货币区域化的实践进行研究和总结

货币选择理论、货币替代理论、国际货币竞争理论、最优货币区理论等为本书关于人民币中亚区域化模式与路径研究提供了有力的理论保障。货币区域化进程中经常伴有货币竞争、货币替代、货币计价选择、区域货币等现象的发生。而货币选择理论、货币替代理论、国际货币竞争理论、最优货币区理论的运用将使本书的研究具有一定的理论说服力。但具体而言，人民币中亚区域化的模式与路径是否能够通过这些理论得以分析和解释尚需要进一步探讨。

2. 丰富和发展适用人民币中亚区域化的理论

货币选择理论、货币替代理论、国际货币竞争理论、最优货币区理论等货币区域化理论，都是以发达国家为主体进行研究和分析的。而中国与中亚国家属于发展中国家，在经济金融的发展水平上与发达国家相比具有较大的差异，因此，各国在经济问题、经济目标、经济政策等方面会表现出不一致的现象。

同时，中亚各国都处于追求经济发展速度的阶段，竞争意识比较强烈，因此，在区域内若试图要求各国通过合作、让步甚至妥协的方式协调宏观经济政策，以达到货币统一和经济一体化是很难做到的。可见，直接运用货币选择理论、货币替代理论、国际货币竞争理论、最优货币区理论等相关理论并不能有效地分析探讨人民币中亚区域化的模式与路径，而是需要进一步地丰富和发展这些理论以适用人民币中亚区域化，为其实践奠定理论基础。

（二）现实意义

1. 推动人民币国际化的重要路径之一是人民币中亚区域化

推进货币区域化进程是一项复杂而长期的系统性工程。人民币国际化进程的推进不仅有利于中国的发展，而且有利于改善世界货币体系格局，因此，人民币国际化是必然趋势。而通过总结货币区域化的国际实践经验，可以发现，人民币国际化不具备英镑和美元国际化的基础条件，也不具备欧元区域化的必备条件，同时还要吸取日元国际化失败的教训，人民币国际化必须先通过人民币区域化这一步之后才得以实现。本书将就人民币中亚区域化的模式与路径等问题，通过理论分析和实证检验等方法来进行研究。其中包括人民币中亚区域化的现状、人民币中亚区域化的影响因素、人民币中亚区域化的模式与路径等。

2. 人民币中亚区域化有利于中国和中亚国家的经济繁荣与稳定

近年来，人民币的国际信誉大幅度提高，尤其是在中国的周边国家或地区表现较为明显。而这种国际信誉的建立，主要是基于中国经济规模持续快速增长、对外贸易影响力不断增强、持续稳定的人民币币值，以及在金融危机中中国政府表现出来的高度责任感等因素。相对中亚国家而言，中国是经济大国和贸易大国，而中亚国家拥有丰富的自然资源和矿产能源等，稳定和发展中国与中亚国家的经济贸易往来，对稳定中国经济具有举足轻重的作用。同样，中国是中亚各国最重要的经贸伙伴之一，稳定中国与中亚各国的经贸往来，对于中亚各国的经济繁荣和稳定也具有重要作用。

3. 为推进人民币中亚区域化寻找新的突破点

近年来，中国与中亚国家经贸往来日益频繁，人民币跨境贸易结算也逐步有效地开展起来。但是美元仍被作为区域内贸易的主要支付货币和结算货币。

同时，由于历史原因，卢布在中亚国家对外贸易中仍然处于重要地位。由俄白哈关税同盟的成立发展到今天欧亚经济联盟，都是在加深和强化卢布在中亚国家的地位。中国也出台了许多促进人民币区域化的政策和措施，但推进过程异常缓慢。本书将通过研究来寻求新的突破点，以促进人民币中亚区域化发展。

第二节　文献综述

一、货币区域化的研究现状

（一）区域货币的产生机制

1. 国际媒介货币产生机制

斯瓦伯达·A. 和蒙代尔（Swoboda A. and Mundell，1969）研究强调了货币交易成本在不同国家之间的贸易中的重要性，能够作为国际交易，媒介使用的货币一般都表现出较低的交易成本。麦金农（McKinnon，1969）也认为，最适当的主要货币经常会被私人主体在国际交易活动中使用，这不仅有利于降低多种货币的持有成本，而且有利于缓解汇率波动所带来的相关风险。布鲁纳、卡尔和梅尔策（Brunner，Karl and Meltzer，1971）以货币的交换效率为视角进行研究，认为资产使用频率与获得任何资产特性的信息的边际成本之间成反方向变动关系，即资产使用频率的增加，会减少获得任何资产特性的信息的边际成本，所以，在跨国交易中非国际货币的信息效率不及国际货币的信息效率。

克鲁格曼（Krugman，1980）研究发现，货币交易的规模与成本之间的关系是决定该货币能否成为媒介货币的主要原因，即货币交易的规模越大，而成本越低，则说明该货币是国际媒介货币。雷伊（Rey，2001）对克鲁格曼的观点又重新加以论证，认为货币交易量并不能决定媒介货币的出现，而是需要通过加入交易成本变量的一般均衡模型分析得出。消费者对某国商品的需求程度直接影响了对该国货币的需求程度，而一国货币之所以能够成为国际媒介货币主要的决定因素，就是消费者对某国商品的需求程度，即消费者对一国商品的偏好会导致对该国货币需求的增加，进而加快该货币在外汇市场上的流动，减少交易成本，从而成为国际媒介货币。

克里斯特尔（Chrystal，1984）解释媒介货币的出现，运用的是搜寻成本的方法。该研究认为交易商的搜寻成本是影响一国货币能否成为国际货币的重要因素。一国货币能够成为国际媒介货币，必然会表现出一个搜寻成本最低而交易规模最大的局部稳定的均衡状态。松山、清泷信弘和松井（Matsuyama，Kiyotaki and Matsui，1993）将媒介货币的产生机制作为研究对象，他们假定世界上只存在两个国家和两种货币，通过运用货币搜寻模型在均衡的选择中添加演化博弈论的分析，结果将表现为三种：地方性货币、单一媒介货币和双重媒介货币。经济开放程度在其中起着关键性的作用，即如果一国货币成为国际媒介货币，那么该国的经济规模较大；如果存在双重媒介货币，则两国将表现出较高的经济一体化程度。

哈特曼（Hartmann，1998）构建了一个实证模型的统一框架，既有货币交换的静态模型，又有交易商自由进出市场并赚取外汇买卖价差的动态模型。他分析发现，世界贸易和资本流动的基本结构以及外汇市场的微观结构都决定了货币交换结构，能够成为国际媒介的货币具有汇率波动小、交易量高等特点，并且主要媒介货币具有"历史惯性"。

2. 国际计价货币产生机制

格拉斯曼（Grassman，1973）和塔拉斯（Tavlas，1993）通过研究发现，在国际贸易中计价货币的选择，主要取决于国家的经济水平及商品结构。例如，通货膨胀率低且波动小的国际货币经常被用来作为国际贸易中的计价货币。发达经济体之间的交易，经常会使用出口国的货币作为计价货币，而发达经济体与欠发达经济体之间的交易，则更倾向于选择发达经济体货币作为计价货币，其中美元的选择居多。初级产品和资本资产的贸易交易会选择美元作为计价货币。

麦金农（McKinnon，1979）将产业特征和产品结构纳入分析框架中。与其他研究略有不同，他认为，对于偏好使用本国货币作为计价货币的国际交易者来讲，只能有一方实现，并且是其最终产品存在较大差异性的生产商。戈德堡和蒂勒（Goldberg and Tille，2005）从理论和实证角度对国际贸易中计价货币的选择问题进行了分析，结果表明，更容易受到影响的生产商，主要是生产较高需求价格弹性的产品，同时在交易货币使用上还存在单一货币的从众效应。

还有一些学者对国际货币的分析主要是从供给角度进行的。德弗鲁和恩格尔（Devereux and Engel，2000）以货币供给为视角，通过一般均衡模型分析认为，稳定货币供给对计价货币的选择具有重要的影响，即供给变化较小的货币将会被两国的贸易商作为计价货币。吉奥瓦尼尼（Giovannini，1998）研究认为，汇率的波动具有不确定性。若问这种不确定性是如何影响垄断型出口商做出货币计价选择决策的，答案是出口商利润函数的性质决定了计价货币的选择。弗里伯格（Friberg，1998）认为出口商利润函数的性质和汇率的波动幅度都是决定计价货币选择的重要因素。如果汇率剧烈波动，计价货币的选择就有可能采用第三国货币作为计价货币。大谷（Otani，2003）将垄断型出口企业作为研究对象，认为在选择某种货币计价时，主要的依据是出口商的利润函数与汇率的关系。如果选择进口国的货币作为计价货币，则出口商的利润函数是汇率的凹函数；而如果选择出口国的货币作为计价货币，则出口商的利润函数是汇率的凸函数。

（二）货币区域化的影响因素

通过总结梳理经济学家的研究文献，可以看出关于货币区域化的影响因素主要集中在以下几个方面。

1. 经济规模

弗兰克尔（Frankel，1994）和艾肯格林（Eichengreen，1998）都通过实证模型分析得到，一国国内生产总值在世界总量中的占比与该国货币在世界各国总储备中的占比呈正比例关系。陈卫东、李建军（2010）和杨雪峰（2010）以日元国际化为研究对象，他们认为，经济规模和实力是一国货币成功实现国际化的重要因素。元惠萍（2011）以美、欧、日、英四国为研究对象，通过计量分析得出，国内生产总值是货币国际地位的实际影响因素。

2. 国际贸易视角

杰拉尔德（Gerald，2000）认为在对外贸易中，一国货币能否被普遍接受，取决于该国货币流通覆盖地理范围的大小。沙姆（Shams，2002）从贸易规模的角度分析认为，货币国际化的有利条件是在全世界贸易中占有较大份额以及伴随着货币流出的贸易逆差。杰拉尔德、杜瓦尔等（Gerald，Dwyer et. al，2003）通过对国际货币发展史进行梳理和总结，认为货币国际化的形成和发展主要依靠的是其国际贸易的发展。安德森和范·温库普（Anderson and van Wincoop，2004）运用一个新开放宏观经济学模型来论证货币计价的选择与进口商品的市场份额之间的相关性。

3. 金融市场的发展状况

科恩（Cohen，1971）通过分析和总结货币发展史发现，荷兰盾、英镑、美元等成为主要国际货币，而荷兰、英国、美国都拥有成熟的金融市场，也就是说国家的金融市场发达程度直接关系到该国货币在世界范围内的接受程度。塔拉斯（Tavlas，1998）研究认为，金融市场的稳定宽松性以及深广度都是影响国际货币发行的重要因素。黄梅波（2001）研究认为，发达的金融市场通过提供成本低、安全性高、流动性强的金融工具为国际贸易活动中的进出口商规避外汇风险。哈特曼和伊辛（Hartmann and Issing，2002）认为，成熟的金融市场有利于减少市场摩擦，降低货币交易成本，增进货币的流动性，是一种货币发挥作用的潜力保障和制度支撑。古林查斯（Gourinchas，2007）通过研究指出，自美元占据国际货币体系主导地位后，更高的收益性使得美元资产（债券、股票、国际直接投资和银行存款等）投资数量显著增长。杨荣海（2012）通过实证研究发现，在货币国际化进程中股票市场的发展水平发挥着重要作用。

4. 货币的公信力

哈耶克（Hayek，1978）通过对货币竞争的研究认为，币值的稳定性决定了货币被接受的程度，信誉高的货币才有可能成为国际货币。塔拉斯（Tavlas，1990）、前原（Maehara，1993）认为，一国货币得到发展和国际地位得以维持的重要先决条件是价格稳定。李稻葵和刘霖林（2008）通过计量分析，认为一国货币国际化水平的显著影响因素是汇率的变化和波动幅度。冯涛、魏金明（2011）通过建立局部均衡模型论证了在国际贸易中货币价值的稳定性直接影响着计价货币的选择。

5. 资本账户自由化程度

陈彪如（1998）研究指出，国际货币的基本特征之一是货币的可兑换性，而货币的可兑换性则是成为国际货币的必要条件。因此，人民币国际化实现的基础在于人民币的可自由兑换。吴念鲁（2002）、李晓（2004）等都认为实现人民币资本项目自由化对人民币国际化具有重要的意义。

6. 多种因素

胡智（2002）通过对瑞士法郎的分析指出，人民币国际化应加强制度建设，发挥金融市场中制度创新的作用。李晓、丁一兵（2006）认为，成为区域关键货币主要取决于经济规模、经济稳定性、经济开放程度、货币被接受程度、国家公信力及制度环境等因素。王丰（2006）认为，中国的经济金融发展水平、国际收支状况、人民币汇率的稳定性及人民币的资本项目可兑换等因素都是影响人民币国际化的基础条件。何慧刚（2007）也认为，必须要以"弱经济—强制度"模式来推进人民币国际化进程，同时人民币国际化与资本项目自由化和汇率制度弹性化互为条件并相互促进。李稻葵、刘霖林（2008）利用实证分析的方法，将国际储备、贸易结算、国际债券中的货币比重作为分析指标，研究结果表明，经济规模、通货膨胀率、利率、汇率等都是影响货币国际化的重要因素。

二、货币区域化模式与路径的研究现状

货币区域化是一个动态的过程，在这个过程中所需要的指导模式和推进路径对于人民币而言具有重要的指导意义。人民币国际化与区域化的模式和路径分析大都是国内学者在研究，国际学者很少涉及货币区域化的模式与路径研究。

国内学者主要是通过比较分析的方法对人民币区域化的模式问题进行研究，借鉴货币区域化的国际经验，为人民币国际化与区域化的模式提供参照。陈炳才（2001）认为当前人民币是经常项目可兑换而资本项目不可兑换的货币，面临这种不对称性，在国际货币模式的经验中，美元式路径更适合中国人民币国际化进程的具体情况。李建军（2003）比较了美元、日元和欧元的国际化模式，认为全球性汇率协作制度安排产生了美元国际化模式，经济发展与金融深化政策产生了日元国际化模式，货币主权联邦制的区域性制度安排产生了欧元国际化模式。日元模式实际上已经从中国国情出发被选作人民币国际化模式，而之后则可以通过在亚洲区域进行整合"中国元"，选择走欧元国际化的模式。李智、刘力臻（2011）认为，人民币国际化的进程应该是渐进式的，是一个相

当漫长的过程，不可贸然推进。在模式的选择上既不能绕过日元而选择美元模式，也不可能整合区域内货币选择欧元模式，只能选择在特定区域内逐步取代日元的国际化模式。孙健、魏修华、唐爱朋（2005）也指出日元和欧元两种模式的融合是适合中国国情的。何慧刚（2007）研究分析认为，人民币国际化的实现需要顺应当前的国际政治经济形势，并创新制度安排，选择更符合中国国情的"弱经济—强制度"组合模式。曹龙骐（2014）研究认为，主要通过全球视野和深港视角，以深港合作为切入点，利用深港合作优势，创建"深圳前海—香港"现代经贸和服务业合作区为试验场，探索出"区域化→离岸化→国际化"的新路径。

对于人民币区域化与国际化的路径问题的研究，大部分学者认为，从中国的实际国情及经济发展情况出发，应该渐进地实现人民币国际化，即先区域化后国际化。李华民（2002）认为，货币国际化具有可逆转性，为使得人民币在周边国家影响力得到提升，可以通过增强国家经济实力进而带动人民币国际竞争力的提高。这个过程实质上表现为铸币税税源在区域上的延伸。陶士贵（2003）认为人民币国际化应首先建立中国与周边国家和地区的人民币自由兑换圈。李晓、李俊久、丁一兵（2004）认为在人民币区域化发展的实现路径上，既要遵循市场的自然选择，又要加强政府的积极推进；既要在区域内积极推进，又要在整体上实现区域整合。并且，首先在东亚区域内积极通过制度性安排以实现人民币区域性主导货币的地位。巴曙松（2007）认为人民币国际化的实现应该循序渐进：首先，实现人民币的可自由兑换；其次，实现人民币在周边国家以至亚洲的区域化进程；最后，完全实现人民币的国际化。李稻葵（2008）对人民币国际化做了总体规划，即采取双轨制步骤，对外发展人民币的离岸市场，对内完善国家综合实力及金融发展水平等基础条件。

随着国内外学者研究的深入，关于人民币国际化路径的研究文献都阐述了两个"三步走"战略。第一个"三步走"战略是在地域层次上，人民币周边化→人民币区域化→人民币国际化；第二个"三步走"战略是在货币职能上，结算货币→投资货币→储备货币。曾远征、周航（2009）认为，人民币国际化在货币职能上应为结算货币→投资货币→国际融资货币；在地域上应当是"人民币周边国际化→人民币亚洲国际化→人民币全球国际化"。李伏安、林衫（2009）

指出，人民币国际化的"五步走"目标：以人民币作为贸易结算工具→完善人民币资本市场→发展人民币衍生产品→健全资本市场→稳步推进金融创新与信用体系建立。李海峰（2010）认为，人民币国际化应该以实现中国大陆、港澳台区域货币一体化为现阶段路径目标。李若谷（2010）认为人民币国际化应该从地理位置上遵循由近及远，由双边到多边，从周边至亚洲的路径实现。

大多数国内外学者认为，人民币东亚区域化应该采用多重货币联盟形式，即通过地区内次区域货币合作，形成多种次区域货币再过渡到单一货币联盟。Yuen（2000）使用计量模型分析认为，东亚货币合作模式应选择先建立次区域货币区，然后再过渡到单一货币。Kwan & Wang（2002）认为东亚货币合作模式与欧洲不同，应该先以货币合作为基础，然后开展贸易合作。谭庆华（2002）运用计量模型对东亚8个国家和地区进行了实证研究，认为这些国家和地区目前并不适合建立单一货币区，而在其两个子区域（东南亚和东北亚）却已具备条件。何慧刚（2007）认为应该先通过分层次建立次区域货币合作区，然后逐步融合，最终实现单一货币的多重货币联盟才是东亚货币合作的现实选择。李晓（2009）认为，东亚的货币合作的实现，首先应该建立在具有相互救助和防范风险的机制上；其次，协调区域内国际的汇率政策，争取实现政策上的合作；再次，建立区域内共同汇率的联动机制；最后，实现区域内统一货币的合作路径。喻晓平（2011）认为，东亚货币合作应该通过建立次区域货币区再过渡联盟模式，而不能一味效仿美元模式或是欧元模式。牟怡楠（2013）认为，在东亚区域内分层次进行货币金融合作，以逐步实现人民币区域化，才是符合中国—东盟区域货币合作的现实路径选择。

三、人民币中亚区域化的研究现状

国内外学者关于人民币区域化发展的现状的研究主要集中在3个区域，即中国港澳台地区、东盟和其他周边国家等。大多数学者认为，人民币在周边国家和地区的使用与流通是人民币区域化的基础，而人民币在周边国家和地区的使用与流通，并不是通过制度性的区域金融合作产生的，而是市场自发形成的。为更加有效地推进人民币区域化进程，应该更加注重政府在该过程中的作用，加强更多领域及层次的政治磋商和制度建设。

李翀（2002）根据人民币跨境流通方式的不同，将人民币区域化划分为3种类型：一是在泰国、马来西亚、新加坡和韩国等国的人民币跨境流通使用，主要是通过旅游业的推动来实现；二是在蒙古国、俄罗斯、朝鲜、越南、缅甸和老挝等国的人民币跨境流通使用，主要是通过边境贸易中人民币作为计价结算货币而产生；三是在中国香港、澳门和台湾地区流通。其他学者也对人民币的跨境流通使用进行了研究，分析结果表明，人民币跨境流通使用的方式主要是基于国家或地区间的贸易往来所形成的。

曹红辉（2008）主要针对在不同的区域内的人民币跨境流通的程度及领域进行调查分析，其结果表明，人民币的使用流通程度最高的地区主要集中在与中国大陆有紧密联系的中国港澳台地区，而在中国周边国家或地区的表现则相对较弱。其中，缅甸、越南、老挝等东盟国家与中亚国家及蒙古国相对来说还比较好。在流通领域方面也是通过旅游、探亲等逐步扩展至贸易和投资领域。

目前国内外学者对人民币区域化的研究主要集中在中国港澳台地区和东盟地区，以中亚为视角的研究较少，而其中最多的研究问题主要是跨境贸易人民币结算。

首先，关于跨境贸易人民币结算的必要性的研究。中国人民银行博州中心支行课题组（2006）主要对博州地区的边境贸易货币结算使用情况进行了调查，发现美元仍然作为主要的计价结算货币在中哈两国的贸易中使用。因此，推进人民币跨境贸易结算，不仅有利于提高结算速度，而且有利于降低结算成本。高铭、李倩（2011）利用成本收益法，从铸币税收益、资源转移收益、交易成本和一体化成本等角度，对人民币区域化进行了分析。该分析结果指出，人民币作为中国与中亚国家间贸易往来的计价结算货币，不但有利于人民币区域化进程的推进，而且有利于加强中国与周边国家的经济合作和发展。马军、马雅琼（2011）研究指出，在中国与中亚国家的贸易往来中，实现人民币的跨境结算不但能够刺激贸易企业的积极性，而且有助于提高中国的地位及影响力。

其次，分析跨境贸易人民币结算的有关问题。薛炜（2012）认为，在中国与中亚国家贸易往来中使用的计价结算货币大多都为美元，尽管少数交易使用人民币，却也都是通过中国香港进行汇兑支付，因此，很难在中亚国家形成人民币的沉淀。王志萍（2013）认为，人民币在中亚国家中的接受程度偏低，与中亚国家进行贸易往来的中国企业竞争力较弱等问题有关，使得中国在与中亚国家开展对外贸易时不具有货币计价结算的选择权，这就直接影响了人民币跨境业务的发展。乌鲁木齐市商业银行运营管理部课题组（2014）认为，尽管在中国与中亚国家的贸易往来中仍是以美元作为计价结算货币，但是凭借中国与中亚国家间的地缘优势及战略合作伙伴关系，人民币跨境流通和使用已得到大力地推广和一定程度的提高，但仍然面临着许多现实困难和问题。马广奇、李洁（2015）通过分析人民币在中亚、东盟的流通现状、现实基础及制约因素，提出促进人民币区域化发展的举措；他们认为，人民币在东盟地区广泛流通，但在中亚国家，人民币结算不如美元方便。何珊、姜晓兵（2015）以最优货币区理论为依据，通过对2005—2012年间的中国与哈萨克斯坦、吉尔吉斯斯坦、塔吉克斯坦双边汇率波动的四个影响因素构建最优货币区[①]指标体系进行分析的结果是，决定国家间货币合作成本的主要因素为两个指标，即贸易结构差异与国家规模。研究结果显示，如果国家间进行货币合作更加容易，则一定表现出较低的货币合作综合成本、贸易结构多元化、国家经济规模较小等特点。

最后，关于如何推进跨境贸易人民币结算的研究。玉素甫·阿布来提（2008）认为，以中国与中亚国家的边境贸易为基础，逐步延伸至服务贸易和资本输出等领域，从而促进人民币的跨境使用和流通。在此过程中应该注重市场自发和政策推进的有机结合。

戴跃明（2008）分析了中亚国家与中国的睦邻友好及战略合作关系后，他认为，推进人民币中亚区域化，具有重要的现实意义。中国目前并不具备美元和欧元的经济基础，因此在推进人民币中亚区域化的过程中，应该以哈萨克斯坦为重点推进国，依靠强大的贸易优势推进人民币区域化的进程。李德运、龚新蜀（2010）认为，人民币在中亚国家的区域化进程的推进，既要依靠市场的自发行为，又离不开政府政策的支持推动。

四、文献评述

综上所述，国内外学者已经对人民币区域化问题给予了足够的重视，并产

[①] 最优货币区（Optimal Currency Areas, OCA）是一个经济地理概念，是指最符合经济金融上的某些条件的国家或者地区，相互之间建立紧密联系的货币制度，如固定汇率制度，甚至使用统一货币的区域。

生一些多视角、不同观点的学术成果，反映了中国经济崛起与人民币国际地位的变化对国内外货币经济发展所产生的重大影响。这些理论探索对人民币区域化实践具有参考价值。但总体而言，研究文献中仍存在着一些明显的不足，具体表现有以下几个方面。

一是关于人民币国际化与区域化的研究选题大多基于东亚和中国港澳台区域，中亚区域并未得到足够重视，而且关于人民币中亚区域化的系统性研究少之又少，也并没有指出清晰明确的发展方向。随着"丝绸之路经济带"倡议的提出与实施，中亚国家也随之进入学者们的眼帘。因此，关于中亚国家的研究以及人民币在中亚国家的流通和发展都将是今后的重要课题。

二是在人民币国际化与区域化模式和路径的研究上，有些学者对模式和路径的认知并不充分，没有很好地将二者区分开来。实际上，模式主要是对发展规律进行形式上的总结，代表一种经验和升华，对人民币国际化与区域化具有宏观性的指导意义；而路径则主要对发展规律进行实质上的总结，代表了一种规划和目标，对人民币国际化与区域化具有微观性且具体化的指导意义。

三是关于货币区域化的模式研究缺少归纳总结，在研究中更多的是使用"美元模式""日元模式""欧元模式"等词语来代替。而对人民币国际化与区域化的模式研究也都是使用其中的一种或两种来进行分析，鲜明提出真正适合人民币国际化与区域化的创新性模式研究较少。因此，在对货币区域化模式的归纳与总结基础上，探索人民币区域化的创新性模式具有重要的意义。

四是关于人民币国际化与区域化的路径研究视野较窄，对于其目标、范围和实施步骤等一直没有达成共识。对于跨境贸易人民币结算，有些学者单纯从区域视角来研究人民币的区域化，而忽视了人民币区域化其实也影响着整个世界。从地域和职能两个层面推进的"三步走"战略也显得有些偏颇，并没有真正有效地结合起来。因此，如何能够使人民币国际化与区域化的目标、范围和实施步骤等得到更为全面准确的认识，探索出一条适合人民币国际化与区域化的路径，这方面有着广阔的研究空间。

五是在人民币国际化与区域化的研究内容和方法上，现有的文献都是从宏观政策角度出发进行研究，而对于微观主体行为的关注较少，因此在对人民币区域化的研究中微观基础较为薄弱。此外，现有文献的研究都是基于理论现实分析，数量模型分析有待进一步加强和探索。

本书将以中亚国家或地区为研究对象，通过计量模型对人民币中亚区域化进行实证研究，以便从理论和实践方面探索适合人民币中亚区域化的模式与路径，力求在以上不足之处稍有补裨，有所创新，并寻求破解人民币在中亚国家区域化困境中的突破点。

第三节　研究的内容与方法

一、研究内容与框架

（一）主要研究内容

本书以人民币中亚区域化模式与路径的研究为目标，通过对相关货币区域化理论及国际实践经验的总结与评价，分析人民币中亚区域化模式的现状及相关影响因素，提出适合人民币中亚区域化的优化模式与具体路径。其具体内容如下：

第一章绪论。本章主要对本书的研究背景和意义进行阐述，并将人民币区域化模式与路径的国内外研究现状进行梳理，做出相应地总结和评价，并对本书运用的方法及创新性观点等加以说明。

第二章货币区域化模式的理论基础。本章首先对货币区域化的相关概念进行界定，然后指出本书的理论基础是：贸易计价货币选择理论、最优货币区理论、货币替代理论。

第三章人民币中亚区域化模式的现状分析。本章首先总结人民币中亚区域化模式的现状，然后对人民币中亚区域化的经济效应做出评价，最后分析人民币中亚区域化模式选择的基础条件。

第四章人民币中亚区域化模式选择的影响因素分析。本章主要从宏观和微观两方面对人民币中亚区域化模式的影响因素进行考察。

第五章主权货币区域化的国际实践。本章主要比较和总结主权货币国际化的模式与路径，为人民币中亚区域化的模式选择提供实践经验。

第六章人民币中亚区域化模式的优化选择。本章首先根据国际货币的实践经验总结出货币区域化的三种主要模式，然后通过分析探索出适合人民币中亚区域化的模式，最后阐述人民币中亚区域化模式选择的具体思路。

第七章人民币中亚区域化的路径设计。本章主要介绍人民币中亚区域化路径设计的原则、阶段目标、阶段规划及具体措施等。

第八章结论与展望。主要阐述本书的研究结论及未来研究期望。

（二）研究框架

本书的研究框架如图1-1所示。

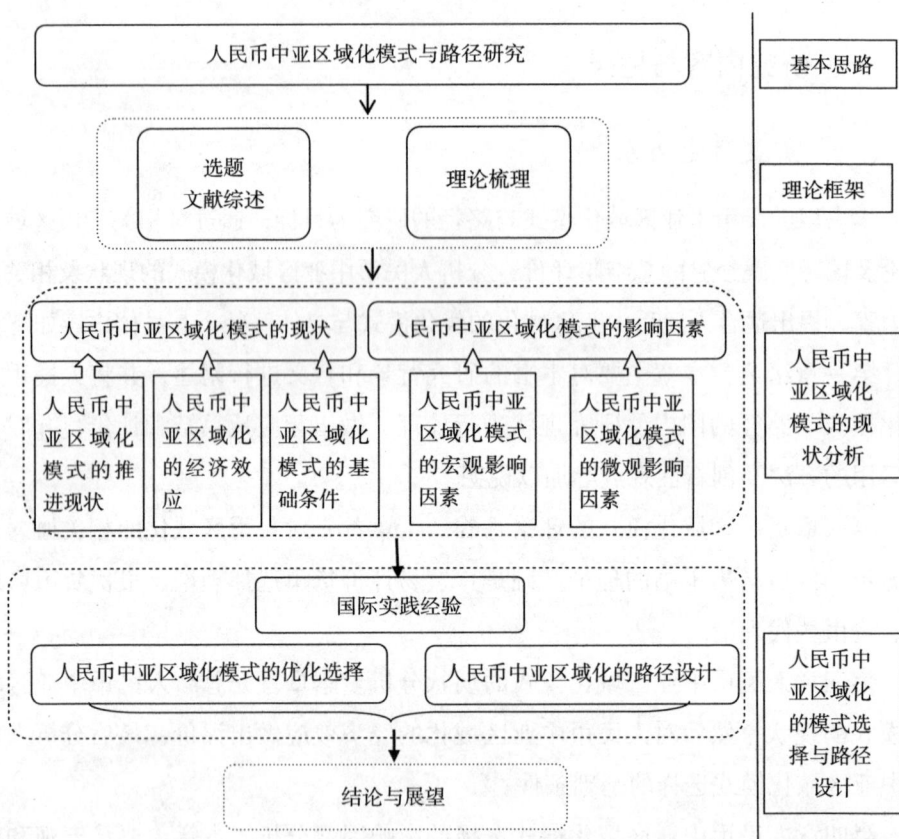

图1-1　本书研究框架

二、研究方法

本书运用多种分析方法相结合的形式对人民币中亚区域化模式与路径进行

系统研究，力图深入分析人民币中亚区域化现状、影响因素，并规划其发展的模式和路径，进而提出相应的优化措施。主要采用了如下分析方法。

第一，文献资料法。本书的相关文献主要通过知网数据库、中经统计数据库、世界银行数据库、统计年鉴、中亚各国中央银行网站等途经获得，从而为本书提供学术、数据支持。

第二，逻辑分析法。本书通过对相关文献和数据的收集和整理，对以往的研究成果加以归纳和总结，探索人民币中亚区域化的模式与路径问题。

第三，运用比较研究法。对货币区域化的国际实践经验进行总结和比较，为人民币中亚区域化的顺利推进提供经验参考和有力保障。

第四，理论分析与实证分析相结合。国内学者关于人民币中亚区域化的研究，大多使用理论分析的方法，就某一问题进行反复阐述，但缺乏对人民币中亚区域化发展的实证分析和系统性研究。本书通过对人民币中亚区域化的经济效应及影响因素进行理论与实证分析，来验证理论与实证结果是否能够保持一致，以便为后续研究奠定基础。

第五，人民币中亚区域化进程是一个复杂的研究课题，不能只采用某一种经济学方法对货币问题开展研究，而必须通过社会学、数学、统计学等各个学科的相互融合，综合分析，多视角对人民币中亚区域化进行分析。

第四节　研究的创新与不足

一、研究创新

第一，随着中国国际地位的不断提升及综合国力的不断增强，人民币国际化与区域化的研究已经成为全球热点问题。但迄今为止，人民币中亚区域化的研究少之又少。本书选取中亚国家或地区作为研究视角，构建人民币中亚区域化的研究框架。因此，本书的选题和研究具有一定的针对性。

第二，通过现有文献及实践可以发现，推进人民币中亚区域化的难度较大。而本书的研究将基于人民币中亚区域化模式的现状，在"丝绸之路经济带"建设和"丝路基金"运营的基础上，对人民币中亚区域化模式与路径进行综合系统的分析研究。

第三，本书具有针对性地比较和总结了货币区域化模式与路径的国际实践。其中，对作为区域化货币的代表——欧元的产生及发展前景予以重点介绍，并与人民币区域化进行了对比，为人民币区域化发展的模式与路径提供有力支撑。

第四，本书从货币职能实现的角度，综合分析人民币中亚区域化的现实情况，并力争对人民币中亚区域化程度做出科学判断。

第五，本书在人民币中亚区域化模式的影响因素分析中，不仅对宏观因素进行总结分析，更突出微观主体选择的影响，以此来加强本书研究的微观基础。

第六，本书立足于人民币中亚区域化模式的现状、基础条件和影响因素等的分析基础上，探索出人民币中亚区域化的层次渐进式的次区域优化模式，以及以空间和货币职能实现为阶段的路径设计。

第七，本书采用定性分析与定量分析相结合的方法对人民币中亚区域化的经济效应及基础条件进行研究，进而为探索适合人民币中亚区域化的模式与路径奠定基础。

二、研究不足

第一，由于部分国家相对较为封闭，数据或信息有缺失。虽然本书在分析研究过程中使用相关变量进行替代，或通过相关文献进行补充，使得分析结果的可信程度得到提高，但是本书研究的深度和全面性，在一定程度上还有可能受到有限信息及数据的影响。

第二，关于人民币中亚区域化的文献较少，因此，对人民币中亚区域化的研究还不成体系，这就使得本书可能会受到个人水平的影响而不够深入。同时，中亚国家同世界其他国家也存在一定的差别，在货币区域化理论应用过程中可能会存在一定的问题。因此，对本书所需的理论支撑还需进一步研究。

第三，由于编者学识水平有限，对人民币中亚区域化模式与路径的研究可能有不妥之处，一些研究结论有待进一步检验。

第二章

货币区域化模式的理论基础

2

第一节　相关概念界定

一、人民币区域化的概念界定

（一）货币区域化的概念

国内外已有文献在定义货币区域化时主要考虑了三个因素：一是地理位置的边界；二是货币职能的发挥；三是货币在区域内的影响力。

1. 国际货币定义

大多数学者都是根据货币职能的发挥程度来定义国际货币的。将国际货币定义为货币职能在地域上的扩展的代表学者有科恩（Cohen，1971）、凯南（Kenen，1983）、克鲁格曼（Krugman，1984）。哈特曼（Hartmann，1998）认为一国货币跨出国界，由非居民持有或使用，就可以成为国际货币。他还从三个层次归纳了国际货币职能：一是在国际贸易和投资中使用国际货币作为结算工具；二是在国际贸易和投资中使用国际货币作为计价货币；三是国际货币被当做储备资产而存在。在上述三种职能中，若某种货币具备其中之一便可称之为国际货币，而具备两种或以上只能说明其国际化程度高。国际货币在国际货币基金组织中的定义为：在地域和内容上均被广泛使用于国际支付及交易于外汇市场上的货币。我国学者姜波克、张青龙（2005），白钦先、张志文（2011）等也对货币职能给出了定义，基本与上述定义相同。

2. 货币国际化定义

与国际货币不同的是，货币国际化是一个动态概念，强调的是一国货币如何发展成为国际货币的过程。国际货币基金组织将货币国际化定义为：某国货币在全世界范围内可以不受限制地进行货币兑换、流通、交易等行为，并发挥货币职能作用的过程。塔拉斯（Tavlas，1997）则从货币职能角度对货币国际化做了严格的定义：货币国际化主要强调的是该国货币是否发挥货币职能被其他国家在进行贸易投资的过程中用来作为计价结算货币。我国学者吴富林（1991）认为，货币国际化是指一国货币跨出国界，在世界贸易投资中逐步发挥货币职能，成为国际货币的过程。

通过对现有文献的梳理及以上学者的定义，我们将货币国际化的定义总结为：一国货币在地域上发挥其货币职能，由本国境内发展到境外其他国家，再扩展至全世界的过程。而这个过程代表的是一国货币如何发展为国际货币的动态过程。在这个过程中，往往会出现货币竞争和货币选择，进而影响该国际货币的发展。因此，货币的国际化水平也是在不断变动的。

3. 货币区域化定义

对于货币区域化，主要有两种观点：一是认为一种新的货币在某一特定区域内形成，进而成为某一货币区域的过程；二是认为被某一特定区域认可接受的非国际货币逐渐成为国际货币的过程。李智、刘力臻（2011）认为货币区域化与国际化应是货币职能在地域上得以扩展的过程。而货币的区域化与国际化实际上是一个整体的两个方面，不能分割对待。货币区域国际化的典型代表是英镑、美元和日元，他们实现特定区域的货币替代都是在成为主要国际货币之后。货币国际区域化的代表则是欧元，欧元在"区域化"诞生时就已经作为国际货币而存在了。本书研究的货币区域化是一国货币在某一特定区域发挥货币职能的过程。

（二）货币区域化的层次划分

1. 货币国际化的职能层次

货币的三大职能包括交易媒介、计价单位和价值储备（见表2-1）。与国际贸易和金融交易密切相关的货币职能是交易媒介和计价单位职能，而与国际金融投资活动有关的货币职能是价值储备职能。从货币职能角度提出货币国际化概念的代表学者主要有科恩（Cohen，1971）、凯南（Kenen，1983）、钦（Chinn）和弗兰克尔（Frankel，2005）。

表2-1　国际货币职能

	计价单位	交易媒介	价值储备
官方用途	盯住的锚货币	外汇干预工具	国际储备
私人用途	贸易和金融交易计价	贸易和金融交易结算	货币替代和投资

资料来源：高海红，余永定.人民币国际化的含义与条件 [J].国际经济评论，2010（1）：46-64.

一是交易媒介职能。刘崇（2007）认为在国际贸易金融交易中，某国货币被作为结算货币并发挥交易媒介职能，逐步提高该国货币的认可度的过程被称作该国货币的国际化。对货币国际化的传统领域的分析是国际货币的交易媒介职能。二是计价单位职能。李超等（2009）认为货币国际化是指在国际贸易投资中，微观个体选择何种货币作为计价货币的过程，即厂商如何选择计价货币取决于在选择计价货币的厂商谋求利润最大化的过程。三是价值储备职能。被他国持有作为资产储备的国际货币被称为具有价值储备职能，即以官方形式持有该国际货币或以私人形式持有以该国际货币计价的金融资产。

贸易结算职能通常在货币国际化的初期被率先拓展到境外使用。计价职能主要是出现在对外交易日渐广泛的基础上逐渐被非居民接受的货币国际化的中期阶段。储备货币则是在前两者的基础上被非居民行使出于预防性交易和资产配置的货币功能的货币国际化的最后阶段，完全实现货币的国际化。然而，国际货币职能也会随着国际货币体系发生变化而变化，有些职能可能会随着国际货币体系的变化而消失。在表2-1中，从货币职能的角度定义了国际货币，无论是在官方还是在私人部门，只要某国货币实现了计价功能、交易媒介、价值储藏三项职能，就能被称之为国际货币。科恩（Cohen，1998）认为在现实中，大多数的货币只能被称之为"部分国际货币"，只有具备官方用途和私人用途中的全部货币职能才能够被称之为完全的国际货币。在表2-1的基础上，从不同国际职能角度对当今主要货币进行了简单总结（见表2-2），从中可以发现，货币职能的不平衡现象也存在于位居世界前列的主要货币中。

表2-2　国际货币的货币职能比较

	交易媒介	价值储备	计价单位
英镑	较少	执行全部职能	较少

	交易媒介	价值储备	计价单位
美元		执行全部职能	
日元	非常弱	相对重要	较少
欧元		执行全部职能	
人民币	非常少	非常少	较少，非锚货币
特别提款权（SDRs）	较少，无流通职能	主要职能	较少

资料来源：刘越飞.货币国际化经验与人民币国际化研究 [D].大连：东北财经大学，2015.

2. 货币国际化的地域层次

货币国际化可以根据货币的使用地域层次划分成三个由低到高的过程，主要包括货币周边化、货币区域化和货币国际化（见图2-1）。

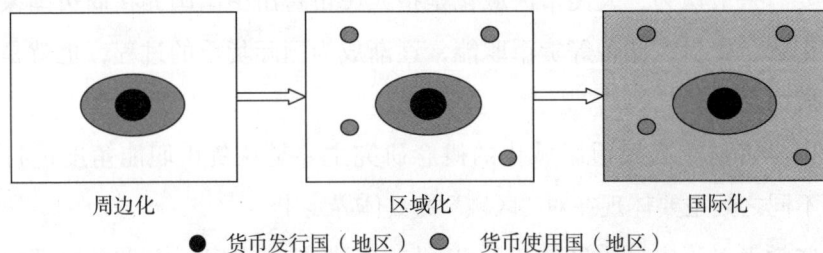

周边化　　　　　区域化　　　　　国际化

● 货币发行国（地区）　　● 货币使用国（地区）

图2-1　货币国际化的地域层次演进图

货币周边化体现的是货币国际化的初级阶段，该货币的使用主要集中在除本国外的周边国家或地区。形成货币周边化的原因主要包括两个方面，一是在周边国家或地区中该货币发行国的经济实力占据领先地位；二是在具有密切经贸往来的基础上，经济实力较强的货币发行国在实力较弱的周边国家或地区的货币影响力增强。目前我国已经实现了在越南、缅甸等国家的货币周边化，人民币在这些国家广泛流通，接受程度和认可度很高。

货币区域化体现的是货币国际化的中级阶段，该货币的使用主要是被某一特定的国际区域所接受。在这个特定的区域内各国具有密切的经贸往来，对某种货币的认可和使用具有统一的看法。例如，拉丁美洲的美元化、欧元区等都是通过货币合作的制度性安排实现区域内单一货币的过程。

货币国际化主要是指货币在世界范围广泛流通使用，货币国际化的形成主要是在货币区域化的基础上继续扩张，最终在国际货币体系中占据主导地位，如英镑、美元。

需要指出的是，货币周边化、货币区域化、货币国际化这由低到高的三个层次并不是所有货币的国际化进程都需要经历的。从货币区域化的国际实践经验来看，货币国际化的演变之路不尽相同。例如，欧元是作为区域性国际货币而诞生的，日元是通过货币储备职能的实现而成为国际货币的，但由于多种因素的制约，正逐步向区域化后退。

（三）人民币区域化的概念

与美元、欧元相比，人民币并不具备制度优势。[①]学术界普遍认为，人民币区域化是人民币国际化的必经之路，特别是人民币在周边国家或地区的区域化尤为重要。一般认为，人民币区域化是指人民币跨出中国国界在周边国家和地区发挥记账、支付、储备等货币职能，逐渐成为国际货币的过程，也就是人民币的区域国际化。

我国学者对于人民币区域化的概念研究主要是从货币职能角度进行界定的，而不同之处主要体现在对"区域"的具体界定上。

一些学者对于人民币区域化的"区域"不做具体界定，主张采取模糊定义法。张礼卿、孙志嵘（2005）指出，货币区域化是在一个特定的区域内，各国具有密切的经济联系，对某种货币的认可度和接受度有共同的意识，通过金融货币合作等制度性安排，实现区域内固定汇率或单一货币的过程。李翀（2002）、张勇长（2006）、巴曙松（2007）等把人民币区域化定义为在我国周边国家或地区对人民币有较高的认可度和接受程度，发挥人民币的货币职能的过程，在贸易结算中充当计价结算货币或作为储备资产等。

另一些学者则对"区域"做出了具体界定。贺翔（2007）将人民币区域化的"区域"划定为我国的周边国家和香港地区，通过中国与周边国家或地区政府间的制度安排，引导或推动人民币在这些国家或地区中的使用和流通，发挥

---

① 布雷顿森林体系以黄金为基础，美元直接与黄金挂钩，各国货币则与美元挂钩，正是这种全球性汇率制度安排奠定了二战后国际货币体系中美元的中心地位。《马斯特里赫特条约》确立了欧盟的单一货币制度，欧元凭借区域性货币制度成为主要国际货币之一。

计价、结算、储备等货币职能，最终成为这些国家或地区的关键货币或统一货币的过程。李晓、李俊久和丁一兵（2004）将人民币区域化的"区域"划定为亚洲，即人民币亚洲化是在亚洲区域内通过区域货币金融领域的制度性合作，促使人民币成为区域内关键货币的过程。邱兆祥、何丽芬（2008）也强调了人民币区域化的实质就是人民币的亚洲化。但他们的研究表明，人民币的亚洲化是要实现人民币在亚洲区域内成为关键货币，区域内各国进行金融货币合作，发挥人民币的货币职能，而并不是要实现人民币在亚洲区域内的一体化进程。王敏（2007）把"与我国有密切经贸往来的边贸国家、东南亚国家和非洲国家"定义为人民币区域化的地理边界，建议积极引导或推行人民币在这些国家或地区的使用和流通，并在这些国家或地区发挥人民币的货币职能，与这些国家或地区最终形成一个准货币联盟的利益共同体。

综上所述，人民币区域化的概念首先强调的是一个地理区域，是人民币成为一个地理区域内共同使用的货币。其次，从货币职能角度出发，人民币应该在这个区域内发挥价值尺度、交易媒介、储备手段等货币职能。再次，通过区域内长期的货币合作和货币竞争，促使成员国自愿放弃本国货币而选择一个统一的区域货币，如欧元。最后，值得注意的是，并不是所有货币的国际化都必须经历货币区域化的阶段，如美元。本书所论述的"人民币中亚区域化"是指在中亚国家区域内通过长期的货币合作和货币竞争，人民币能够成为这个区域内的关键性货币，在中亚国家的金融、贸易中发挥国际货币的职能，并非是指要在中亚国家区域内实现人民币货币一体化。

二、中亚国家的范围界定

根据联合国教科文组织最初规定，对中亚国家的范围划分是：西源于里海，东至大兴安岭，北起于阿尔泰山和萨彦岭，南到喜马拉雅山，总共有七个国家被部分或全部包含在这一范围内，包括阿富汗（北部）、伊朗（北部）、印度（西北部）、巴基斯坦（北部）、中国（新疆、青海、甘肃河西走廊、西藏、宁夏、内蒙古）、蒙古国和原苏联（哈萨克斯坦、塔吉克斯坦、乌兹别克斯坦、吉尔吉斯斯坦、土库曼斯坦）。

苏联解体之后，众多学者仍然对"中亚"的范围划分产生广泛地争论。一部分学者从广义和狭义两个方面对中亚的范围进行了划分。

广义的中亚范围是：西起里海，包括哈萨克斯坦、乌兹别克斯坦、吉尔吉斯斯坦、土库曼斯坦和塔吉克斯坦五国；东到蒙古国东境和中国内蒙古东部；南起伊朗和阿富汗的北部，印度、巴基斯坦西北，包括中国新疆、甘肃河西走廊等中国西北地区；北达西伯利亚南部米努辛斯克、克拉斯诺亚尔斯克一带。

狭义的中亚范围是：以阿姆河和锡尔河流域为中心。苏联解体后，这一区域的哈萨克斯坦、吉尔吉斯斯坦、乌兹别克斯坦、塔吉克斯坦和土库曼斯坦五国已形成一个具有相近政治文化的区域。因而，中亚国家从狭义上来讲一般是指中亚五国。

本书对中亚的界定遵从学者们广泛使用的狭义概念，包括五个国家：哈萨克斯坦、吉尔吉斯斯坦、乌兹别克斯坦、塔吉克斯坦、土库曼斯坦。

第二节 货币区域化模式的理论基础

一、货币选择理论

（一）贸易计价货币选择理论

计价货币的选择与货币区域化之间存在着非常密切的关系，对贸易计价货币的选择进行研究是非常有必要的。在国际贸易中，某种货币若拥有强大的经济地位，则该货币必然作为计价货币而存在。因此，货币区域化的影响因素可能就会受到贸易计价货币选择的干扰。

格拉斯曼（1973）通过对发生在瑞典与丹麦之间贸易商品定价的货币选择的研究后发现，瑞典与丹麦在贸易中都倾向于选择使用生产者国家的货币作为计价货币，因此，把这种在贸易中更愿意选择生产者国家货币的现象称为格拉斯曼法则。麦金农（1969）认为在国际经济交易中，任何国家在对贸易商品计价时都会更愿意选择本国货币。而贸易计价货币的选择权在不同商品类别中的表现也是不同的。例如，在第一类可贸品（高度差异的制成品）贸易中，通常会将出口商国家货币作为计价货币，这是由商品性质所决定的。因为在这类商品的交易中，价格的决定权在产品生产商，也就是出口商手中。在第二类可贸品（相对相似的初级产品）贸易中，这类商品的性质决定了市场中的价格具有完全竞争的特点，单个生产商是无法控制的，但是进口商会对价格进行比较。因此出于效率及便利性角度考虑，相同货币计价即采用单一货币计价和结算更具有倾向性。塔拉斯和尾关雄三朗（1992）通过研究发现了一个问题：无论是进口国还是出口国，如果贸易商品的价格采用非本国货币，那么就可能会面临汇率波动而带来利益的损失。因此，各国在进行贸易交易时都更愿意选择本国货币来计价，但这一过程中货币竞争的结果取决于双方的经济实力或商品竞争力等因素。例如，通货膨胀率低且波动小的国际货币经常被用来作为国际贸易中的计价货币；发达经济体之间的交易经常会使用出口国的货币作为计价货币，而发达经济体与欠发达经济体之间的交易则更倾向于选择发达经济体货币作为计价货币，其中选择美元的时候居多，并且初级产品和资本资产的贸易交易会选择美元作为计价货币。德弗鲁和恩格尔（Devereux and Engel，2001）通过研究发现货币供给是决定选择计价货币的重要因素，即货币供给相对稳定的国家的货币在国际贸易中更受青睐。也就是说，当外国货币供给稳定性小于本国货币供给时，在贸易中就更倾向于选择本国货币来计价；反之亦然。这种现象表明，一个国家货币政策的稳定性体现在货币供给上，而该国货币在外国的良好信誉取决于该国稳定可行的货币政策。因此，这种货币将更容易被作为计价货币。

（二）国际储备货币的选择

无论一个国家采用何种汇率制度，固定汇率、浮动汇率或钉住汇率等都不可避免地对汇率进行控制和调整。也就是说，当国际收支出现大幅逆差时，货币当局为了防范金融动荡乃至金融危机的发生，必会持有一定额度的国际流动性以保证国际收支进行顺畅的调节。因此，国际储备货币就是各国货币当局为应对国际收支赤字所持有的，或是以干预外汇市场为目的而使用的国际货币。

一般采用固定或钉住汇率制度的国家，其国际储备货币和干预货币必然会选择其盯住的锚货币，而这种货币也必然会在这个国家的外汇储备中占有较高的份额。

通常能够被各个国家政府用来当做干预货币进行货币政策调节的货币，必然在银行间外汇市场上占有较大份额，并且发挥着媒介货币职能。在国际金融市场中，各国政府进行外汇储备资产组合时，更加偏好那些流通迅速、市场占有份额大、交易便利的货币。

从资产组合理论的观点来看，一国的外汇储备的本质其实就是一种短期流动资产的组合，旨在弥补国际收支逆差而存在。因此，国际储备货币的主要衡量标准就在于对货币的收益性和货币价值的稳定性的考察。

二、国际货币竞争理论

国际货币竞争理论是主要强调对国际货币间的竞争原理、动因和过程进行描述的理论。货币竞争自货币诞生以来一直是世界关注的话题。科恩（1971）指出，在效用最大化的原则指导下，理性的经济主体对不同货币的选择，才是国际货币竞争的实质，而这种选择是一场需求驱动的、达尔文式的斗争。菲利普·哈特曼（1998）将"国际货币竞争"的定义概括为：被非居民在何种程度上使用的不同国家货币的过程被称为国际货币竞争。国际贸币竞争的决定因素主要包括综合实力、货币特性、地缘政治及规模效应等。

（一）综合实力

一国的综合实力包括经济贸易、金融、政治军事等，这直接关系到该国货币的国际地位。其中，在经济与贸易领域，有学者研究表明，影响一国货币的国际使用情况的主要因素包括经济规模、经济实力、对外开放度及贸易规模等，大规模经济体在货币交易方面更具有规模经济效应的优势。在金融市场和体系中，一国货币的国际地位受金融市场的深度、广度、开放度及其发达程度等因素的直接影响。另外，一国的政治地位直接影响该国货币的国际地位的变化。蒙代尔曾指出，强有力的政治力量创造了强有力的货币。

（二）货币特性

从货币特性角度来看，货币若想更具有竞争力，就需要扩大其使用范围、便利交易方式、降低交易成本、提高安全性等。首先，货币最基本的标价与结算职能主要发生在商品和服务交易的经济活动中。其次，货币交易的便利性不仅体现在以经济、贸易、金融为支撑的交易网络所形成的网络外部性上，还体现在资本管制的宽松程度上。同时，货币的稳定性表现为货币发行国国家政治的稳定性。而货币的价值稳定表现为国内市场价格稳定和国际市场汇率稳定。最后，国际货币竞争的主要因素还包括以外汇储备为主的价值储藏性能。

（三）地缘政治

科恩在1996年提出了货币地理学的概念，认为货币关系存在空间组织问题，即货币区域问题的形成和被管制成为亟待研究的重点内容，并提出领土范围、交易范围、势力范围，从而构成了货币网络，而不断重新划分货币势力范围的过程被称为国际货币竞争。

（四）规模效应

货币现实使用程度决定了该国货币的国际地位，即该国货币的竞争力主要表现在使用范围、交易程度、交易成本等方面。规模因素是影响国际货币选择的持久性的重要因素。从长远来看，推进一国货币走向国际化的重要力量仍表现为经济和贸易的规模。

三、货币替代理论

货币替代的出现并不是一种新的现象。早在16世纪国际金本位时期，托玛斯·格雷欣爵士作为当时英国女王顾问及金融家、商人时，就在格雷欣法则中讲述了一种货币替代现象即"劣币驱逐良币"的问题。货币替代被看成是一种货币制度，并不是因为其本身的原因，而是因为以制度的形式将货币替代的规则确定下来，使得货币替代具有了制度的形式。

货币替代的概念被首次提出，是在1969年美国经济学家卡路潘·切提发表在《美国经济评论》上的一篇文章《关于准货币标准》（*On Measuring the Nearness of Near Money*）中。他指出货币替代包括几层含义：第一，货币替代的产生，发生在本国居民对外国货币的需求远远超出正常范围时。第二，只有货币具有可兑换性时，才有可能发生货币替代，即要想使一国货币产生大规模的货币替代效应，则基础条件是该国的资本必须要具备可自由流通的特点。第三，资金外流的概念范围要大于货币替代的范围。因此，这两个概念不能等同起来看待。例如，一国居民将自己手中持有的本国货币兑换成外币存入银行，既属于货币替代也属于资金外流；一国居民将自己手中持有的本国货币通过直接投资等形式购买外国以外币计价的实物资产或金融债券的行为，只属于资金外流范畴，而不属于货币替代。在纸币流通条件下的货币替代被称为"逆格雷欣法则"，与在金属货币本位下"格雷欣法则"的"劣币驱逐良币"的现象相反，是一种强币驱逐弱币的过程。在金本位制度下的商品买卖的过程中，金属货币与商品之间的交换是一个等价交换的过程。这个等价交换的原因主要是由于金属本身就具有价值，可以被用来作为一种具有价值的货币；而在信用货币流通条件下，纸币的发行是建立在信用的基础上，本身不具有任何价值。因此，在买卖商品的过程中，纸币与商品的交换是一种信用关系，信用的好坏直接影响了该货币在商品交易过程中的使用程度和接受程度。信用好的货币更容易被大家所接受和使用，而对于信用差的货币大家会出于规避违约风险的考虑而放弃，进而出现与金本位制度下相反的"良币驱逐劣币"的现象。

一般来说，经济条件、经济规模、本币币值预期、制度安排、本外币收益率差异、风险等是直接影响货币替代的六个主要因素。而其中引起货币替代的根本原因是一国宏观经济内外平衡与协调情况。当前，国际上主要采用相对指标来衡量货币替代的程度：（1）货币替代通过国内存款与外币化程度指标来衡量，即采用国内金融体系中外币存款与本外币存款之和的比率的方法进行计算，这一指标的统计比较容易，但不够全面。（2）在第一种方法的基础上，该衡量货币替代的指标将考察范围扩大到了全社会，增加了货币替代的范围和程度，即采用国内金融体系中的外币存款与公众持有本币资产的比率方法进行计算，其中公众持有本币资产的含义类似于广义货币。（3）在第二个指标的基础上，该货币替代的衡量指标更加强调总量的含义，即采用国内金融体系中的外币存款与国内货币存量之和的比率的方法进行计算。

我国学者姜波克和杨槐（1999）将货币替代定义为：当一国货币的币值稳定性不足以被本国居民信赖，或本币资产的收益率相对较低时，本国居民将会把手中的本币兑换为外币或持有收益率相对较高的外币资产，以此发生的大规模货币兑换将使外币发挥价值储备、交易媒介和计价标准等货币职能，进而全部或部分地替代本币。

四、最优货币区理论

蒙代尔和麦金农早在20世纪60年代就提出了最优货币区理论。1999年，区域性国际货币——欧元的诞生，标志着最优货币区的理论与实践的成功结合。最优货币区理论是一种在一个区域内为实现经济一体化、货币一体化等决定运用何种标准以及采用哪种汇率机制的理论。

在关于最优货币区标准的研究中，蒙代尔第一个提出了建立最优货币区应该具备的最重要的标准是具有高流动性的生产要素。之后，麦金农提出最优货币区的标准还可以包括经济的开放性。他认为当经济开放度作为标准时，其衡量指标可以采用一国生产或消费中贸易品与非贸易品之比的方法进行。麦金农还认为，在开放经济体之间建立一个相对封闭的单一货币区，除了要具有内外部的经济平衡和平稳的通货膨胀率的标准因素外，还要区域内各国间具有密切的贸易往来，在这样的区域内外分别实行固定汇率和浮动汇率，进而促进区域内价格稳定和区域内外经济均衡的实现。科恩提出低程度的产品多样性也可以作为最优货币区的标准。他认为具有较高程度的产品多样性有利于促使该国的出口多样化。当国外需求发生变化时，单一商品出口国可能会遭受需求转移而带来的外部冲击。同时，在汇率政策的选择上，单一商品出口国为应对需求转移外部冲击时，更愿意选择灵活的汇率制度来抵消风险。而出口多样化则可以帮助出口国有效地避免这种风险。并且，在汇率政策的选择上，出口多样化可以帮助采用固定汇率制度的国家规避外部冲击的风险。

而英格拉姆认为，蒙代尔、麦金农和科恩等都是在缺少货币作用因素的条件下对国际收支的经常项目问题进行研究，存在一定的片面性。他的研究目的是在资本长期自由流动的基础上，考虑金融一体化程度的高低能否作为最优货币区的衡量标准，并主张在区域内应该实行固定的汇率制度。根据国际金融历史经验，一般要想改变贸易条件需要通过调整汇率得以实现，即通过汇率贬值促使本国商品在价格上更具有竞争力。而若形成一个最优货币区，则区域内各国可以通过资本自由流动来调整价格。例如，由国际收支失衡所引起的利率变化，并不需要依靠调整汇率来改变国家的贸易条件。此后，又有一些经济学家和学者对最优货币区的标准进行了补充和优化，而这些标准都主要是从政策协调和成本收益对比等方面来进行的研究。总而言之，最优货币区的标准主要可以归纳为四个因素：一是自由移动的生产要素，二是贸易往来较为密切，三是高度的金融一体化程度，四是相似的通货膨胀率。

第三章

人民币中亚区域化模式的现状分析

3

第一节　人民币中亚区域化的模式选择现状

一、中国与中亚国家间的贸易投资现状

通过上一章对货币区域化的定义梳理得知，货币区域化是某一货币在特定区域内的贸易投资中发挥货币职能的过程。因此，国家间的贸易投资状况直接影响着货币区域化的进程。

（一）中国与中亚国家间的贸易关系

自中亚国家独立以来，经过20多年的发展，中国与中亚国家的贸易关系日益深化，贸易规模逐年增长。从图3-1中可以看出，中国与中亚国家的进出口贸易额由1994年的5.47亿美元扩大至2016年的300.4亿美元，增长了近60倍，中国已然成为中亚国家的主要进出口市场及重要的贸易合作伙伴。

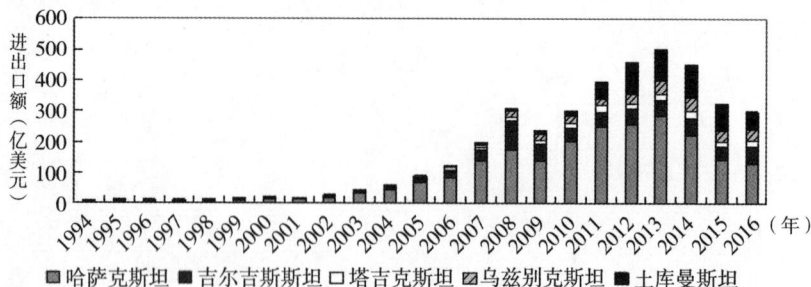

图3-1　1994—2016年中国与中亚国家的进出口贸易总额

外贸依存度是判断国家对外开放程度的指标，引以用对外贸易额与国内生产总值的比值来进行测算。通过对中国与中亚国家的外贸依存度的计算可以发现（见表3-1），中国与中亚国家的外贸依存度都处于较高水平，并且中亚国家

的指数普遍要高于中国。外贸依存度数值越高则说明该国具有较高的经济开放度，也就是说该国对国际市场具有较高的依赖程度。在这种经济开放度高的背景下，将会构建出一个不仅有利于加强区域内的经济金融合作，而且有利于维护区域内的汇率稳定，规避金融风险等互利共赢的局面。

表3-1　中国与中亚国家的外贸依存度

（％）

	2010 年	2011 年	2012 年	2013 年	2014 年	2015 年
哈萨克斯坦	74.1	74.9	75.6	64.9	45.8	41.2
塔吉克斯坦	67.9	85.1	90.6	87.5	57.5	55.1
吉尔吉斯斯坦	133.3	136.1	139.7	134.1	125	87.4
乌兹别克斯坦	60.2	64.3	60.6	50.9	44.8	37.4
土库曼斯坦	123.1	118.2	117.7	83.6	76	51.2
中国	49.4	48.9	45.7	43.9	41.5	35.7

数据来源：通过各国对外贸易额与国内生产总值的比值计算得出，原始数据来源于历年《中国统计年鉴》及中国驻中亚各国大使馆经济商务参赞处。

从中国对全球贸易中中亚国家所处的地位来看，在中国的贸易伙伴国中，中亚国家只是其中的一小部分，这部分贸易额在中国的全部贸易中占比较低，但是增速较快（见图3-2）。相反，中国却是中亚国家的主要贸易合作伙伴，并且中国在中亚国家的贸易地位不断上升。根据中方统计数据显示，中国在乌兹别克斯坦、塔吉克斯坦和吉尔吉斯斯坦的对外贸易中占到第二位，而在哈萨克斯坦和土库曼斯坦的对外贸易中已经升至第一位。在"丝绸之路经济带"建设的背景下，随着中国与中亚国家贸易合作的深化，中国与中亚国家在贸易合作方面具有更大的潜力和空间。

从中亚各国在中国与中亚国家进出口贸易额中的占比来看（见图3-3），在中亚五国中，中国与哈萨克斯坦的贸易额占据首位，其一国的贸易额就已经占到中亚五国之和的50% 左右，其中个别年份曾达到85%，该规模远远超过了其余四个国家。自2011年起，土库曼斯坦与中国的贸易额迅速增长，排名第二位，最高曾达到26.5%。排名第三、第四位的是吉尔吉斯斯坦、乌兹别克斯坦，塔吉克斯坦则是第五位。

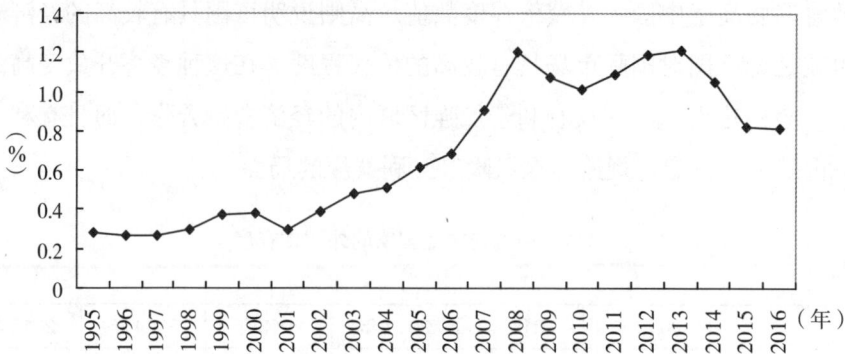

图3-2 1995—2016年中国与中亚国家的贸易额在中国全球贸易额中的占比

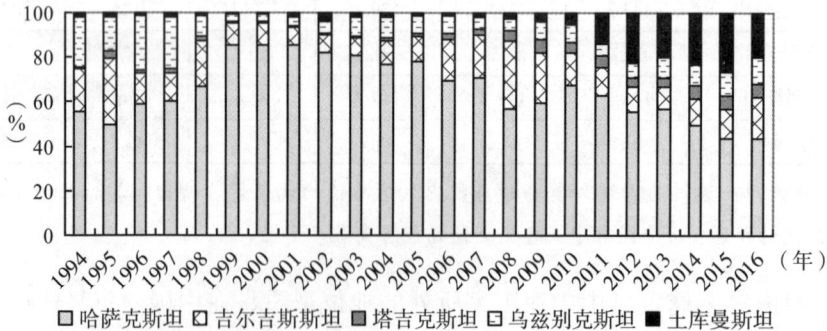

□哈萨克斯坦 ⊠吉尔吉斯斯坦 ▨塔吉克斯坦 □乌兹别克斯坦 ■土库曼斯坦

图3-3 1994—2016年中亚各国在中国与中亚国家进出口贸易额中的占比

（二）中国与中亚国家间的投资关系

1. 中国对中亚国家的投资

在中亚国家刚刚独立时期，受其经济发展水平及自然环境等因素的影响，流向中亚国家的对外直接投资数额较小，其中中国的投资也较少。进入21世纪以来，国际资本开始偏向于具有丰富石油、天然气及矿产资源的中亚国家，中国对中亚国家的直接投资也在不断地增加。

通过中国对中亚国家直接投资的流量数据可以看出（见图3-4和图3-5），中国对中亚五国的直接投资流量呈跳跃式先上升后下降的趋势波动，波动幅度较大。其中，哈萨克斯坦增长最快，占比最高，其次是吉尔吉斯斯坦和塔吉克斯坦，土库曼斯坦的波动幅度较大，期间曾出现负值，而乌兹别克斯坦之前更是微乎其微，直到2013年开始才出现了历史性转机。2014年，中国与中亚五国的直接投资出现转折，一直处于领先地位的哈萨克斯坦却排到最后一位。由此可以推断，中国对中亚五国的投资开始发生转变，为实现投资贸易"百花齐放"提供支撑。

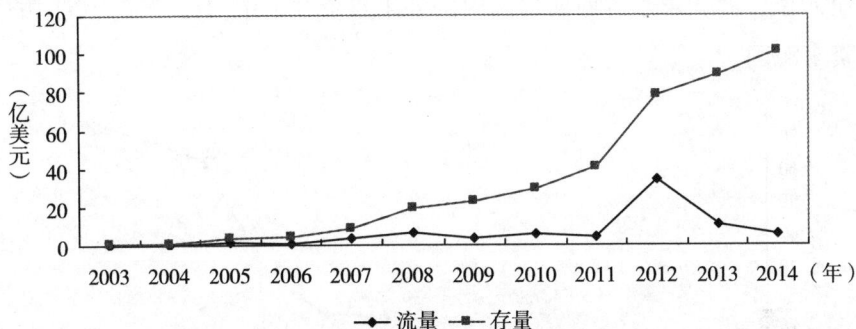

图3-4　2003—2014年中国对中亚国家直接投资流量与存量

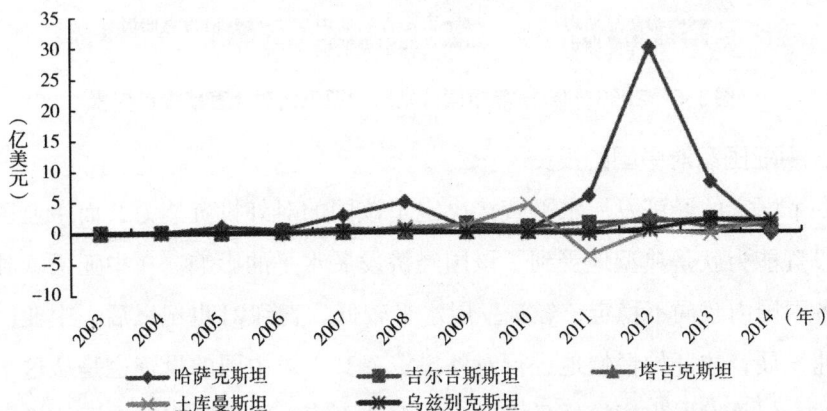

图3-5　2003—2014年中国分别对中亚五国对外直接投资流量

通过中国对中亚国家直接投资的存量数据可以看出（见图3-4和图3-6），中国对中亚国家直接投资的存量呈快速增长态势，发展状态良好。在中亚五国中，哈萨克斯坦一直占据主导地位，而其他四国直接投资存量基本保持相同的增长趋势，其中塔吉克斯坦增速最快，土库曼斯坦和乌兹别克斯坦的波动较大，甚至出现负增长。

对中国而言，尽管中国对中亚国家直接投资在数量上与其他国家相比并不占优势，而且比重很低，但是随着时间的推移，中国越来越重视与中亚国家的经济往来，中国对中亚国家的直接投资量正在逐步增加。对中亚国家而言，由于自身经济发展水平等因素的影响，引进外资显得尤为重要。而中国在中亚国家的直接投资占比并不高，仍具有较大的发展空间。其中，中国是塔吉克斯坦和土库曼斯坦的重要投资来源国，在哈萨克斯坦国内接受的外来投资中，中国排名第四位；而在吉尔吉斯斯坦国内的外来投资中，中国已经成为该国的第一大投资来源国。

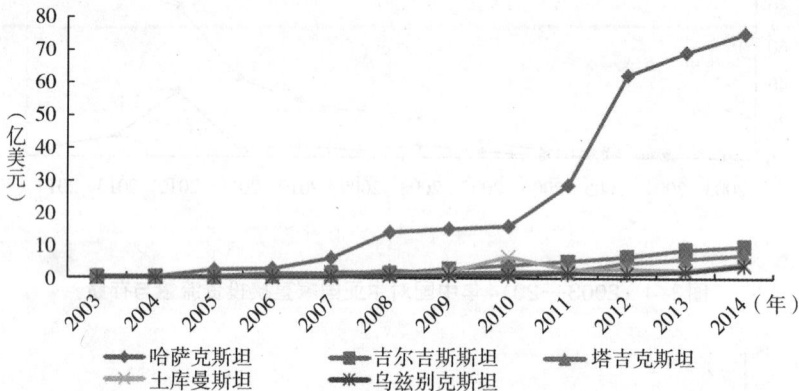

图3-6　2003—2014年中国分别对中亚五国对外直接投资存量

2. 中亚国家对中国的投资

一个国家的经济发展水平直接决定了该国的对外投资能力，而中亚国家的对外投资能力就是典型地受到了该国经济发展水平的影响。在中亚国家独立初期，各国国内政局不稳定，经济发展水平较低。直到21世纪以后，中亚国家得到飞速发展，才开始慢慢地进行对外投资，其中对中国的投资也是从这个时候开始的，但是发展程度较低且不稳定。总体而言，中亚国家对中国的投资还处于较低水平。就投资国别来看，哈萨克斯坦对中国的投资相对最多。这是由于哈萨克斯坦在中亚五国中发展最好，是中亚五国中的经济大国，但投资规模不稳定，个别年份能够达到上千万美元。其次是吉尔吉斯斯坦，其对中国的投资不仅规模小，而且时间不连续。乌兹别克斯坦和塔吉克斯坦在中国接受外资中几乎没有份额，只有屈指可数的几次小额投资。

二、人民币在中亚国家的货币职能实现情况

通过总结货币区域化国际经验可以发现，在货币区域化进程中，主要是需要实现货币的三个职能：计价结算货币、投融资货币、国际储备货币。

（一）计价结算货币

1.贸易结算货币

由于人民币仍然是不可自由兑换的货币，因此，人民币区域化将首先体现在边境贸易和一般贸易中充当计价结算货币的过程。中国与中亚国家的跨境贸易人民币结算最先是在边境贸易中使用，随后一直呈持续增长态势。中国与哈萨克斯坦、吉尔吉斯斯坦分别签署的双边本币结算协议标志着中国与中亚国家的货币金融合作得到升华。

自2008年全球金融危机发生以来，我国政府在积极推进人民币国际化进程中做出了很多努力，其中就包括跨境贸易人民币结算的战略部署与推进。国务院决定实施跨境贸易人民币结算的先行试点工作，首先，在有条件的企业中开展试点，已从初期的300多家企业快速增长到上万家企业；其次，选择了五个先行试点城市：上海、广州、深圳、珠海、东莞；再次，扩大试点范围，将试点增加至18个省（自治区、直辖市）；最后，覆盖到全国。

截至2017年10月，我国实现了516453亿元人民币的跨境贸易人民币结算总量。该数量的不断增加反映出国际人民币的使用程度在飞速增长，其中，我国与中亚五国之间的跨境贸易人民结算量为717.77亿元人民币。随着人民币与中亚货币合作范围及其深度的全面拓展，在新疆维吾尔自治区人民币结算业务也得到突飞猛进地发展。截至2017年10月，新疆累计实现了2528.2亿元的跨境贸易人民币结算量，名列边境八省区第二、西部十省区第一。其中，新疆与中亚五国之间的跨境贸易人民结算量为111.28亿元人民币。

2.计价货币

由于受到中国与中亚国家贸易商品结构等因素的影响，人民币的计价货币职能在贸易商品定价、金融交易产品定价等领域并没有能够充分有效地发挥，但在汇率体系方面已经有所突破。

在中亚国家中，哈萨克斯坦曾于2013年9月改变原来的紧盯美元的汇率制度，开始实施一揽子货币的汇率制度，主要包括美元、欧元和卢布，其中美元70%、欧元20%、卢布10%。哈萨克斯坦中央银行行长曾表示，为了进一步降低美元在货币篮子中的比例，人民币在未来有望加入哈萨克斯坦的货币篮子。人民币与哈萨克斯坦货币坚戈的现汇业务，分别在2011年和2013年由中国银行新疆分行和中国工商银行新疆分行两家银行先后推出。该汇率挂牌交易业务的开展，标志着中哈货币交易进入市场化阶段，不仅有利于降低汇率风险和汇兑成本，更有利于带动人民币在中亚国家的使用和流通。2015年12月，人民币对塔吉克斯坦索莫尼汇率挂牌交易启动仪式成功举行，成为第二个与人民币挂牌交易的中亚国家。塔吉克斯坦国家银行行长也曾在2015年底表示，鉴于国际货币基金组织已将人民币纳入"特别提款权"货币篮子，为降低本国货币索莫尼贬值的压力，本国银行将投入100万元人民币流通于外贸结算中。①

（二）投融资货币

新疆地处中国西北边疆，是中国与中亚国家进行经贸往来的必经之地，其地缘战略优势无可比拟。因此，我国政府决定将新疆最先作为跨境直接投资人民币结算试点。跨境贸易人民币投资试点的业务的主要内容就是以人民币作为计价货币对外投资，即允许境内企业使用人民币在境外进行投资活动，而在境外的中资企业或项目可以获取境内银行提供的人民币贷款。2013年8月，全国首个"关外"离岸人民币金融业务试点区在霍尔果斯设立。由中国人民银行总行正式下发的《国务院关于同意新疆维吾尔自治区设立县级霍尔果斯市的批复》，标志着中哈霍尔果斯国际边境合作中心具有比深圳前海、上海自贸区还优惠的特殊的离岸人民币政策，不仅有利于促进和扩大境内企业的对外投资，还有利于为境内企业的对外投资提供资金保障。该业务试点区的成功启动，对中哈霍尔果斯国际边境合作中心聚集国内外资本、技术、人才等各类资源具有促进作用，也为在新疆成立国际金融融资中心、中国—中亚本外币挂牌交易结算中心等提供有力保障。

2015年10月，人民币跨境支付系统（一期）成功上线运行，境内外金融机构人民币跨境和离岸业务都将通过人民币跨境支付系统完成资金清算、结算服务。同时，该系统也为中国企业"走出去"、用人民币直接到境外投资提供了便利和有效的基础支撑。

多年来，中国在中亚国家的基础设施、交通、能源、电信等领域的援建项目提供了大量的融资贷款。国家开发银行新疆分行早在2010年2月就实现了第

---

① 资料来源：中华人民共和国驻塔吉克斯坦大使馆经济商务处。

一笔中亚境内人民币贷款业务，向吉尔吉斯斯坦工业钢铁公司提供了货款及运费贷款价值198.36万元人民币。2013年1月，哈萨克斯坦铜业阿克托盖融资公司获得了由国家开发银行新疆分行发放的大额人民币贷款，使得人民币跨境投融资实现了全面创新与突破。此外，国家开发银行新疆分行为支持塔吉克斯坦农业发展，先后向塔吉克斯坦储蓄银行授信3300万元人民币，受到了塔国政府和农民的青睐。

（三）国际储备货币

从官方层面看，国际储备货币具体表现为某国货币被纳入别国的储备货币体系，中国与哈萨克斯坦、乌兹别克斯坦、塔吉克斯坦签署的货币互换协议就可以从狭义上将人民币理解为哈萨克斯坦、乌兹别克斯坦和塔吉克斯坦的国家储备货币。

从私人层面看，国际储备货币具体表现为货币替代，即某国货币被别国居民作为主要的结算使用币种。目前，哈萨克斯坦、塔吉克斯坦、吉尔吉斯斯坦等国的多家商业银行机构和境外企业都已经在中国开设了人民币同业往来账户和非居民机构人民币结算账户，但是中亚国家存在较为严重的美元化问题，人民币货币替代职能并没有得到充分发挥。

三、人民币中亚区域化程度判断

中国继续深化对外开放程度及市场化进程必然会促进人民币区域化的发展，这种促进作用主要来自政策和市场两个方面。在政策方面，对外开放、贸易自由化和宽松的金融政策为人民币跨境流通提供保障；在市场方面，人民币区域化的动力在于不断扩大的双边贸易，提高国民收入水平和消费层次等。货币区域化进程除了在层次上表现出不同外，在程度上也存在差异。我国学者按照在国际经济活动中货币所发挥的不同功能，将货币区域化进程划分为五个阶段：起步阶段、初级阶段、中级阶段、中高级阶段和高级阶段（见表3-2）。

通过对人民币在中亚国家的货币职能实现情况的分析结果与货币区域化进程相对比发现，人民币尽管在计价结算、投融资、国际储备等职能都有所涉及，但其在发展深度上是远远不够的。因此，我们认为人民币中亚区域化仍处于起步阶段，而且人民币中亚区域化的推进仍停留在官方层面，并没有形成一个规范的模式和路径。

表3-2 货币区域化程度

发展程度	货币职能	货币流通程度	央行的职责
起步阶段	发挥计价结算货币职能于边民互市贸易	主要在民间进行货币兑换及使用，流通程度低	监管货币兑换
初级阶段	发挥计价结算货币职能于边境贸易	民间的货币兑换及使用慢慢流入官方渠道，流通程度提高	监管货币兑换，拓宽官方渠道
中级阶段	发挥计价结算货币职能于一般贸易	政策上的可自由兑换货币	满足境外兑换需求
中高级阶段	发挥投资资产货币职能	在投资领域实现可自由兑换	监管投资市场
高级阶段	发挥国际储备货币职能	国际货币	监管货币供需

资料来源：国家外汇管理局经常项目管理司.货币跨境流通及边境贸易外汇管理问题研究[M].北京：中国财政经济出版社，2005.

第二节 人民币中亚区域化的经济效应分析

通过上一节的研究可以发现，人民币中亚区域化进程缓慢，仍然处于起步阶段。那么，人民币是否应该在中亚国家进行区域化？人民币区域化对中国或中亚国家又会带来怎样的经济影响？这将是本节重点解释的问题。

一、人民币中亚区域化的最优货币区（OCA）指数分析

（一）理论基础

人民币中亚区域化可行性的实证研究，将以最优货币区理论为基础，借鉴利用巴尤米和艾肯格林（Bayoumi & Eichengreen，1997）提出的最优货币指数测算法，根据各经济变量对两国汇率波动率的影响进行回归分析，并将经济指标结果重新代入回归方程来计算最优货币区（OCA）指数，以检验各国是否满足最优货币区标准（指数越小则越倾向于满足最优货币区标准）。

（二）模型构建与指标选取

本部分将选取中国与中亚五国作为研究对象，在巴尤米和艾肯格林（1997）建立的最优货币区指数回归方程的基础上，分别对中国与中亚五国进行最优货币区指数测算，时间跨度为1994—2015年。构建模型如下：

$$EX_{it}=\alpha_1 Y_{it}+\alpha_2 S_{it}+\alpha_3 T_{it}+\alpha_4 O_{it}+\mu$$

其中，i 为国家，t 为时间。EX 表示人民币对中亚国家货币的汇率扰动率，EX=STDEV（EX_{ij1}，……，EX_{ij12}）；Y 表示中国与中亚各国的经济规模差异，$Y=lnGDP_i−lnGDP_j$；S 表示中国与中亚各国的国家经济规模，$S=ln[（GDP_i+GDP_j）/2]$；T 表示中国与中亚各国的双边贸易依存度，用双边贸易额占我国贸易额的比重计算；O 表示两国相对开放度，用双边贸易额占各国国内生产总值比重的差值计算。

（三）实证结果

本部分利用 Eviews6.0软件进行分析，使用面板数据对上述模型进行估计，回归结果见表3-3。

表3-3　回归方程参数值

变量	系数值	T 值	P 值
S	0.380085	2.930570	0.0042
Y	−1.902197	−5.209049	0.0000
T	−8.764228	−3.643012	0.0004
O	−3.484532	−3.925212	0.0002
R−squared	0.910913		
F−statistic	28.553219	Prob（F−statistic）	0.000043

由表3-3可以看出，回归方程中各变量的系数值均是显著的，且拟合效果较好，该回归结果具有一定的说服力。因此，按最优货币区模型的方法将解释变量重新带回到模型中得出的拟合值（因有负数无法比较，本书将取其绝对值）作为中国与中亚五国的最优货币区指数，结果见表3-4及图3-7。

表3-4 中国与中亚五国的最优货币区指数

年份	中哈	中吉	中乌	中塔	中土
1994	1.178074	2.144976	1.683107	1.884686	0.677711
1995	0.833693	2.846953	1.66206	2.501513	1.130348
1996	0.245389	2.300644	1.113766	2.93681	1.350333
1997	0.211516	2.565215	0.94277	3.413122	1.536318
1998	0.086921	3.088217	1.961155	2.805095	1.444238
1999	2.37282	3.274799	2.271264	3.23341	1.646376
2000	2.430119	3.287116	1.528947	3.918218	1.569233
2001	2.094637	3.238571	0.999435	3.632674	1.323413
2002	1.999226	3.171382	0.506267	3.507859	1.011059
2003	2.07754	2.916413	0.334949	3.28106	0.692159
2004	2.134482	2.89794	0.365891	2.969639	0.647896
2005	2.334301	2.74589	0.433278	2.987409	0.581398
2006	1.175274	2.560708	0.418081	2.846672	0.397693
2007	0.617285	1.937852	0.717947	2.543277	0.247506
2008	0.372568	0.58547	0.856586	2.059511	0.232494
2009	0.781565	2.53601	0.9174	2.568683	0.1292
2010	1.070042	2.591472	0.796918	2.666442	0.116042
2011	0.243351	2.325809	0.783908	2.572501	0.122985
2012	0.162151	2.411014	0.740519	2.625794	0.207304
2013	0.180232	2.467811	0.747278	2.625783	0.342224
2014	0.752657	2.851312	0.139028	2.375055	0.304769
2015	1.551728	2.795054	0.381072	2.751213	1.633218

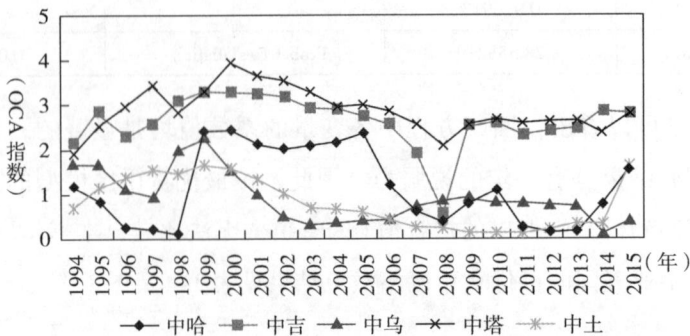

图3-7 1994—2015年中国与中亚五国的最优货币区指数

（四）结论

通过回归模型结果（见表3-3）可以看出，各变量的参数值均是显著的，且拟合度高，该回归方程是有效的。变量 S 的系数值为0.380085，变量 Y 的系数值为 -1.902197，说明对象国的规模越大，汇率的波动幅度就越大，即中国与规模较小的国家构建货币区的可能性较大；变量 T 的系数值为 -8.764228，变量 O 的系数值为 -3.484532，说明两国之间的贸易越密切、互补性越强，汇率越稳定。

通过中国与中亚五国最优货币区指数（见表3-4、图3-7）可以看出，中国与中亚五国间的最优货币区指数表现高低不同，说明当前在中亚五国间组建最优货币区或实行统一货币是不现实的。从长期来看，人民币有望逐步发展成为中亚区域的最优货币。但需要从次区域货币合作开始入手，然后慢慢再延伸到整个中亚区域，形成中国与中亚五国货币合作的大区域，为中国与中亚五国在"丝绸之路经济带"建设中带来更大的机遇。

二、人民币中亚区域化的成本收益分析

（一）中国的成本与收益

1. 定性分析

（1）中国的收益

①降低汇率的不确定性

在国际贸易中，商品和劳务价格的不确定性一般都是由汇率的易变性和不确定性带来的，人们在对生产、消费、投资等进行决策时，往往会因为汇率的易变性和不确定性而推迟。从短期来看，汇率的不确定性可以通过套期保值加以消除；从长期来看，则需要国家具备一个发育良好的远期外汇市场，否则将会影响其海外贸易投资等。货币区域化的实施不仅可以避免汇率波动对商品流通和物价的影响，还有利于区域内资金的自由流动，扩大贸易投资，带动经济增长，提高人们生活水平和社会福利等。

中国与中亚国家的贸易投资往来是推进人民币中亚区域化进程的主要基础，而中国与中亚国家的贸易投资基本都是采用美元结算。2008年全球金融危机的爆发暴露了当时货币体系的缺陷与风险，美元的国际地位在下降。同时，中亚国家是发展中国家，经济发展水平较低，抵御风险的能力较弱，因此，在面临危机时必将会带来汇率的剧烈波动。随着我国国际地位的不断提升，人民币币值将面临持续稳定的升值预期。综上预见，人民币将会发生货币替代效应，在中亚范围内被广泛持有和使用，有助于在贸易投资交易中规避汇率风险。

②减少外汇储备的风险

自2004年以来，我国的外汇储备一直保持增长态势，于2006年超过日本成为世界排名第一的外汇储备国。2015年，我国外汇储备已达到3.33万亿美元。尽管我国经济快速发展，但我国的外汇规模已远远超出了我国对外汇的需求规模。巨大的外汇储备将加大我国货币政策的调控难度，再加上美元相对于人民币持续贬值，致使我国所持有的外汇储备严重缩水。为了减少外汇储备缩水的风险，我国近年来加大了美国主权债务的持有量，有些学者专家认为在此基础上，还可以通过调整外汇储备资产，减少美元储备量缓解这种不利的局面。因此，实现人民币中亚区域化不失为一种解决外汇储备风险的好办法。

③促进对外贸易和对外投资的发展

尽管中国与中亚五国的经贸合作日益深化，跨境人民币结算也如火如荼地进行，但在实际交易结算中，美元仍作为主要结算货币，使中国企业面临巨大的外汇风险。深化和加强中国与中亚五国货币合作，不仅能够继续加强和推动对中亚五国的投资贸易，而且有利于提高中国在中亚国家的政治经济影响力和人民币在中亚国家的认可度。人民币使用于投资贸易中，有利于企业降低在进行交易结算时的货币汇兑成本及可能面临的汇率风险。

④促进金融市场的发展

货币区域化的推进要求有发达的金融市场作为支撑，但反过来其也能够推助金融市场的发展，并通过资源配置获得收益。一是消除直接投资管制，通过理性投资决策获取收益；二是规模经济效应可以通过市场规模的有效增加来实现，从而使融资中介及储蓄转化为投资的过程中的各种资源得到有效节约；三是融资过程中的资源配置效率也可以通过金融市场的发展得到提高，金融工具被更广泛地提供，将有利于投资者做出有效的选择。从长远来看，金融市场的发展必然会扩大市场的金融竞争，有利于促进金融资源的有效整合，淘汰脆弱的金融机构，提高金融业的整体素质，稳定区域内金融体系。

在对外贸易和投资领域中，若将人民币作为计价结算货币，那就要求中国必须具备发达、高效的金融市场与之匹配。因此，在这个过程中发展国内金融市场就显得尤为重要，不仅要促进银行业的发展，还要大力发展我国的资本市场，并加大培育和发展人民币离岸市场。

⑤提高我国的区域影响力

货币合作的发生，使区域内国家的经济联系更加密切，各国间的政治分歧可以得到有效缓解。在实现人民币中亚区域化的过程中，势必会扩大中国与中亚国家间的货币合作范围，促使区域内国家选择趋于一致的汇率制度，加强金融监管协调性，有效防控金融风险，加强金融预警等。在中亚国家中，人民币若能发挥关键的货币职能作用，区域内各国的货币政策必然会受到影响，区域内各国的货币政策决策在一定程度上会有利于我国，有助于实现我国在该区域内的政治、经济目标。

（2）中国的成本

中国通过人民币中亚区域化获取利益的同时也会付出相应的成本。其主要表现在：一是人民币可自由兑换的步伐加快。金融自由化是货币区域化的前提，而深化金融自由化必然会给经济运行带来诸多风险。二是影响本国经济发展的独立性。三是国内外经济发展不平衡。货币供给受到影响，金融政策矛盾突出等。

①金融风险加大

与世界上具有高度开放的资本项目的国家或地区相比，我国一直以来是遭受金融危机冲击影响最少的国家。这主要原因在于：一是我国具有强大的经济实力和充足的外汇储备。二是我国资本项目仍受到管制。而要想实现人民币中亚区域化，就要求中国具有对外较为开放的金融市场。随着中国与中亚国家的经济金融关系日益密切，中亚国家的经济发展水平较低，抵御风险的能力较弱，容易受到国际金融市场的影响。而我国开放资本项目，势必使得区域内金融市场的波动影响到我国的金融体系。

②调控难度加大

人民币实现中亚区域化后，我国中央银行在调控经济目标时，需要考虑两个方面的因素，一方面是国内的宏观经济状况；另一方面是中亚国家的经济变化。这种内外经济政策的协调与平衡，势必会损失我国的某些境内经济利益。而我国中央银行在决策、信息处理、货币合作、目标政策协调等方面，则必须要与其他国家的中央银行密切联系和沟通，这无疑就加大了中央银行对国民经济调控的难度。

③国际责任加大

随着经济实力的不断增强，中国已经成为世界第二大经济体。而实际上，我国国际地位的提高，依靠的不仅仅是经济、政治、军事等实力，大国的责任意识则更为重要。人民币实现中亚区域化后，我国的货币政策决策，在考虑本国国家经济利益的同时，还应评估对中亚国家可能产生的经济影响，这种政策其实表现出来的是一种区域性政策。2008年全球金融危机发生时，我国在汇率政策方面做出了极大的贡献和牺牲，为防止区域内货币贬值加剧，维护区域内经济稳定，中国表现出了大国风范，坚持执行人民币不贬值的货币政策。对于中亚国家而言，各国经济发展水平不一，发展政策存在差异性，存在较多的货币合作障碍。因此，中国在这个区域中理应该承担更多的国际责任和经济风险。

整体来讲，人民币实现中亚区域化的收益大于成本。因此，我国大力推进人民币中亚区域化势在必行。然而，在此过程中需要认真考虑的是，尽管人民币中亚区域化的收益大于成本，但在发展过程中如何规避风险，将成本降到最低，则是至关重要的。

2. 实证分析

本部分将应用货币需求函数和资本需求函数，构建人民币实现中亚区域化后货币均衡市场的一般函数，分析人民币作为区域货币在浮动汇率制度下的经济效应。即通过检验外生变量的变化对国民收入、市场利率及汇率的影响，来初步判断人民币中亚区域化对中国国内经济的影响。

（1）模型假设

假定按区域将世界经济划分为：中国、中亚国家和其他国家三个部分，人民币实现中亚区域化后，人民币的境外流通大部分将在中亚国家实现。这三个区域的各自货币计价资产分别为：A、A^c、A^o（c 和 o 分别代表中亚国家和其他国家），中国企业和居民拥有 A、A^c 和 A^o 三种资产，中亚国家企业和居民拥有 A、A^c 两种资产，其他国家企业和居民主要拥有 A^o 和少量的 A、A^c。中亚国家和其他国家的利率和国民收入用 i^c 和 i^o、Y^c 和 Y^o 分别表示，Y^c 和 Y^o 是给定的外生变量，由国际市场决定的 i^c 和 i^o 也可以认为是给定的外生变量。

自中亚各国独立以来，其经济改革道路及外汇管理体制各不相同。例如，土库曼斯坦实行的是盯住汇率制度，哈萨克斯坦实行的是浮动汇率制度等。人民币在实现中亚区域化后将采取浮动汇率制度。γ 和 β 作为两个引入的外生变量，分别代表人民币在境外的流通规模系数和中亚与其他国家企业和居民拥有我国资产总量的比例。汇率和利率水平都将由市场来决定，不仅可以更加有效地反映市场对货币的需求，也可以通过市场传导机制来影响国内经济变量。

假设货币市场和资本市场均处于均衡状态，即货币市场上人民币供给等于国内外的人民币需求，资本市场上的人民币资产供给等于国内外人民币资产需求。

（2）货币均衡市场

一国在货币市场中的货币需求函数可以表示为：$M^d = m(i, Y)PI(P, eP^o)$。人民币实现中亚区域化后，中亚国家对人民币的需求必然也将作为国外对人民币需求的重要因素，即货币需求函数可以表示为：

$$M^d = D + eR + \gamma M^c(i, i^c + \Delta e^c / e^c, \Delta e^c / e^c, Y^c)PI^c(P^c, e^{cr}P^o)$$

货币供给函数：$M^s = D + eR$。

可见，$M^d \neq M^s$。

其中，$PI(P, eP^o)$ 是国内价格指数，与国内价格和其他国家价格有关。M^c 是中亚国家对人民币的需求，外生变量 $\Delta e^c / e^c$ 是人民币相对于中亚国家货币的预期升值率，$\Delta e^c / e^c$ 是人民币部分替代中亚国家本币的现象，Y^c 是中亚国家经济总量，$PI^c(P^c, e^{cr}P^o)$ 是中亚国家的价格指数。D 是国内货币需求，R 是中国国际储备。

（3）资本均衡市场

在资本市场上，我国资本市场上的资本均衡方程决定了本国利率，其他国家的资本市场均衡方程决定了世界利率水平。由于世界经济规模很大，所以世界利率可以被看做是给定的外生变量。对中国资产的需求，不仅包括本国的需求，还包括中亚和其他国家的需求。因此，中国资本市场需求可以看做是三个区域的利率及区域财富的函数。即：

$$A = A(i, i^o + \Delta e/e, i^c + \Delta e^c/e^c)[W + \beta(W^o + W^c)] = A(O)[\beta W_t + (1-\beta)W]$$

其中，$\beta < 1$，$W_t = W + W^o + W^c$，W、W^o、W^c 分别是三个区域企业和居民拥有的财富；β 是中亚与其他国家企业和居民拥有我国资产总量的比例。其大小代表我国资本市场的开放程度。

（4）浮动汇率制度下人民币中亚区域化的经济效应

人民币浮动汇率制度会随着人民币中亚区域化的实现而形成，汇率则是一个内生变量。假如中亚国家实行的是盯住美元的固定汇率制度，那么在维持相对竞争力的前提下，其货币价值将对于人民币贬值。由货币供给函数可推出国民收入方程为：$Y = a_1 - a_2 i + a_3 e + a_4 g$。其中，$a_1$、$a_2$、$a_3$ 和 a_4 是大于零的参数，g 是政府支出。

在资本市场上，对其他国家资本需求由两部分组成，一是持有本国和中亚国家资产的投资者对其他国家资本的需求 $A^o(S)[W + \beta(W^o + W^c)]$；二是不持有本国和中亚国家资产的投资者对其他国家资本的需求 $A^{oo}(S)\{W_t - [W + \beta(W^o + W^c)]\}$。假定 $A^o(S)$ 近似等于 $A^{oo}(S)$，那么对其他国家资本需求函数就可以表示为：$eA^o = A^o(S)W_t$，通过计算国内资产需求与中国对其他国家资产需求的比值来消除需求函数中的 W 和 W_t，即：$A/eA^o = A(S)[\beta W_t + (1-\beta)W]/A^o(S)W_t = [A(S)/A^o(S)][\beta + (1-\beta)W/W_t]$。由于 W 的规模相对于 W_t 的规模小得多，故 W/W_t 的比值也非常小，可以忽略不计。令 $B(S) = A(S)/A^o(S)$，则 $A/eA^o = B(i, i^o + \Delta e/e, i^c + \Delta e^c/e^c)$。由于 $i^c + \Delta e^c/e^c$ 对 A 和 eA^o 的影响都呈反向关系，假定这两种影响程度相同可以相互抵消，A 和 A^o 是常数，那么 $i = b_1 - b_2\beta e + b_3(i^o + \Delta e/e)$，其中 b_1、b_2 b_3 是大于零的参数。

在浮动汇率制度下，货币市场的均衡方程可以表示为：

$$M^s = [m(i, Y)] + \gamma M^c(i, i^c + \Delta e^c/e^c, \Delta e^c/e^c, Y^c)eP^o$$
$$= c_1 + c_2 Y - c_3 i + \gamma(i + \alpha i^c + c_4 \Delta e^c/e^c + c_6 Y^c) + c_5 e$$

其中，c_1、c_2、c_3、c_4 是大于零的参数，γ 是人民币境外流通规模系数。通过求解 Y、i、e 可以得出外生变量 β、γ 对这三个内生变量的影响，即对各个变量进行一阶求导。

① M^s 对 Y、i、e 的影响

$$dY / dM^s = (a_2 b_2 \beta + a_3) / [c_5 + a_2 b_2 \beta c_2 + a_3 c_2 + b_2 \beta (c_3 + \gamma)] > 0$$

$$di / dM^s = -b_2 \beta / [c_5 + a_2 b_2 \beta c_2 + a_3 c_2 + b_2 \beta (c_3 + \gamma)] < 0$$

$$de / dM^s = 1 / [c_5 + a_2 b_2 \beta c_2 + a_3 c_2 + b_2 \beta (c_3 + \gamma)] > 0$$

通过这三个方程式可以看出，γ 的增加使得 dY / dM^s、di / dM^s、de / dM^s 的绝对值都减小，即随着人民币跨境流通规模的不断扩大，中国的货币政策对 Y、i、e 的影响力是降低的。在国外对人民币的需求相对稳定时期，采取扩张的货币政策能够增加国民收入，但同时也减弱了利率和汇率政策的调控效率。

② β 对 Y、i、e 的影响

$$dY / d\beta = -b_2 e b_3 [a_3 (c_3 + \gamma) - a_2 c_5] / [c_5 + a_2 b_2 \beta c_2 + a_3 c_2 + b_2 \beta (c_3 + \gamma)] < 0$$

$$di / d\beta = -b_2 e b_3 (a_3 c_2 + c_5) / [c_5 + a_2 b_2 \beta c_2 + a_3 c_2 + b_2 \beta (c_3 + \gamma)] < 0$$

$$de / d\beta = -b_2 e b_3 [a_2 c_2 + (c_3 + \gamma)] / [c_5 + a_2 b_2 \beta c_2 + a_3 c_2 + b_2 \beta (c_3 + \gamma)] < 0$$

通过这三个方程式可以看出，β 的变化对货币政策的影响程度不显著，但是也会产生一定的影响。随着 β 的增加，不仅使得国内投资受利率增长幅度变大而降低国民收入，同时可以降低人民币汇率波动。

③ γ 对 Y、i、e 的影响

$$dY / d\gamma = M^c (a_2 b_2 \beta + a_3) / [c_5 + a_2 b_2 \beta c_2 + a_3 c_2 + b_2 \beta (c_3 + \gamma)] > 0$$

$$di / d\gamma = -M^c / [c_5 + a_2 b_2 \beta c_2 + a_3 c_2 + b_2 \beta (c_3 + \gamma)] < 0$$

$$de / d\gamma = M^c b_2 \beta / [c_5 + a_2 b_2 \beta c_2 + a_3 c_2 + b_2 \beta (c_3 + \gamma)] > 0$$

随着人民币中亚区域化的实现，中亚国家和其他国家企业和居民将持有越来越多的人民币资产。γ 增加不仅使得受国内投资影响而减少国民收入，而且会降低人民币汇率波动幅度。

实证结果显示：在浮动汇率制度下，推进人民币中亚区域化，将对我国的国民收入、利率和汇率产生直接影响。不仅能够给我国经济发展带来收益及降低汇率风险，同时也会增加我国经济发展的成本及降低货币政策的有效性，但从长期来看收益是不断扩大的。

（二）中亚国家的成本与收益

1. 定性分析

（1）中亚国家的收益

①促进中亚五国的经济发展

自中国改革开放以来，中国一直保持着高速的经济发展，因而对石油、矿产等资源的需求也越来越大。中亚国家尽管在经济发展、基础设施等方面都比较落后，但却是富有矿产、石油等资源的国家。这种互补的资源优势就给中国与中亚国家的对外贸易往来搭建了一个桥梁。人民币实现中亚区域化后，不仅会促使中国经济实力的增强，而且也能够因中国巨大的市场以及对资源的需求而带动其工业化发展和经济增长。

随着人民币中亚区域化发展的不断推进，中亚国家也将获得更多的实质性利益。首先，人民币中亚区域化发展使中国与中亚国家的贸易投资往来更加密切，中国为中亚国家提供最终产品市场，进而带动中亚国家的经济发展。其次，人民币在中亚区域内发挥关键货币职能，中国有职责也有责任维护区域内的金融稳定，积极参与区域内的金融合作，防止金融危机的爆发。

②有利于吸引中国的投资

中亚国家经济发展水平较低，基础设施薄弱，国内资金不足。因此，中亚国家为发展本国经济、加强基础设施建设等，对外资的需求比较迫切，希望利用外资来促进本国经济的发展。但是许多国家和投资商面对经济落后、政治动荡频繁的中亚国家，都表现有心无力。中国与中亚国家间具有得天独厚的地理位置优势，再加上密切的经济贸易往来，人民币实现区域化后，依靠人民币的地位优势和中亚国家较低的劳动力成本，更多的中国企业愿意到中亚国家投资，拓展海外业务，这不仅可以促进中亚国家增加税收和就业，而且有利于提高生产和管理技术等。

③推动中亚五国的金融改革与发展

中亚国家经济发展水平较低，区域内金融发展水平、市场发育程度等发展不平衡。中国与中亚国家金融货币合作的加深，有利于拓宽中亚国家的金融融资渠道，丰富金融产品，推动金融改革等。同时人民币在区域内发挥关键的货币职能时，必然对维护区域内币值稳定具有不可推卸的国际义务，这不仅有利于提高这些国家居民的生活生产水平，而且对国家经济、政治的稳定也具有重要的意义。

④有利于中亚区域内通货膨胀的控制和治理

中亚国家严重的通货膨胀主要是受到战争、动乱等前期因素的影响，而这些影响具有一定的持续性，随着时间的推移没有完全消失。同时，中亚国家本身也不具备治理通货膨胀的控制能力，对国内经济发展和人民的生产生活水平都产生了一定的影响。受2008年全球金融危机的影响，通货膨胀问题的治理显得尤为紧迫。随着中国与中亚国家金融货币合作的加深，人民币在区域化发挥关键货币职能时，不仅有利于帮助中亚国家减少通货膨胀的风险，而且可以有效地检测和防控国际热钱的冲击。

（2）中亚国家的成本

①受中国汇率波动影响与潜在的货币替代风险

人民币汇率现阶段一直保持稳定，但稳定的同时也不失波动的可能。而中国与中亚国家进行金融货币合作时，中亚国家的汇率稳定性必然会受到人民币汇率波动的影响。中亚国家中有些货币存在严重的不稳定性，这就大大影响了国内居民对本国货币的信心。因此，部分地区的居民愿意通过持有其他货币来规避本国货币汇率波动的风险，这些现象对于中亚国家而言就预示着会发生货币替代的可能。人民币实现中亚区域化后，面对有实力、币值稳定的人民币，中亚国家自会增强戒备心理，在未知风险面前防范人民币在中亚国家的发展。

②分享中国经济发展成果与防范中国崛起的艰难平衡

中国经济高速发展时会表现出明显的经济溢出效应。在中国与中亚国家深化货币合作时，金融领域的合作会渗透到实体经济中去，促进贸易投资的增长，提高贸易投资的便利性。但是，中国的强大和崛起，也是中亚国家心有余悸的原因。尽管中国的经济发展能够给中亚国家带来经济利益，但是中亚国家也会对中国参与合作的行为产生质疑，由此而加强防范、疏远中国。

2. 实证分析

（1）理论模型设定

由货币替代理论得知，货币使用具有两个特点：一是规模效益；二是网络外部性。规模效益表现在，若货币使用范围越广，使用频率越大，交易成本越低，流动性越高，则该货币的竞争力越强。网络外部性则表现在人们持有某种货币的行为不是取决于个人偏好，而是受到外部的影响。本书将从网络外部性的货币转换成本来分析新货币进入市场所面临的问题。当一种新货币进入到某市场时，要想使货币交易商从原有货币转向新货币，必然要通过足够的福利提升来弥补转换成本。

假设在 T 时刻有 n+1 个交易商使用同一种货币，每个交易商的效用可以表示为：$u(t) = (a+bn)\int_T^\infty e^{r(t-T)} dt = (a+bn)/r$。若新货币在 $T=T^*$ 时出现，有 $\exp\{n\}$ 个交易商使用新货币，每个交易商的效用就可以表示为：$v(t) = (c+dn)\int_T^\infty e^{r(t-T)} dt = (c+dn)/r$，$T \geq T^*$。当存在 $c \geq a$、$d \geq b$ 的条件时，可以说明至少新老货币是一样好的。但就交易而言，则需要支付转换成本来实现从老货币到新货币的转换。新老货币的竞争存在三种情况：一是当 $[(c-a)+(d-b)/n]/r > s$ 时，交易商都会放弃老货币而选择新货币；二是当 $[(c-a)+(d-b)/n]/r < s$ 时，交易商都不会放弃老货币；三是当 $[(c-a)+(d-b)/n]/r = s$ 时，有一部分的交易商会选择新货币，而有一部分交易商不会放弃老货币，交易商的行为取决于他对其他交易商怎么选择的预期。

如果在市场中同时存在两种货币，那么交易商的效用就可以表示为：$u_i(T) = (a_i + b_i n_i)\int_T^\infty e^{r(t-T)} dt = (a_i + b_i n_i)/r$，其中 i=1、2 代表两种货币，$n_i = \ln N_i$。假设 N_1+1 个交易商使用货币1，N_2+1 个交易商使用货币2，则整个市场福利最初可以表示为：$(N_1+1)(a_1+b_1 n_1)/r + (N_2+1)(a_2+b_2 n_2)/r$。如果使用货币2的交易商都放弃货币2而选择货币1时，那么市场福利则表示为：$(N_1+N_2+2)[a+n\ln(N_1+N_2+1)]/r - (N_2+1)s$，其中 s 表示由货币2转换为货币1的成本。当 $a=a_1=a_2$，$b=b_1=b_2$ 时，市场福利发生的变化可以表示为：$[(N_1+N_2+2)\ln(N_1+N_2+1) - (N_1+1)n_1 - (N_2+1)n_2]b/r - (N_2+1)s$，此变化的大小取决于货币转换前后的转换成本与网络外部效应大小的比较。网络外部性则表现为在其他条件相同的情况下两种货币的交易商数量的大小。另外，还存在一种可能就是两种货币的交易商共同采取一种新的货币，则市场福利可以表示为：$(N_1+N_2+2)[a+n\ln(N_1+N_2+1)]/r - (N_1+N_2+1)s$。这种情况下的福利肯定要小于两种货币之间的转换，因为共同采取一种新货币需要所有交易商承担转换成本，而两种货币之间的转换则只需要一方交易商承担转换成本。

该模型可以说明三个问题：一是建立共同货币区的网络外部效应与转换成本的大小比较决定了市场福利水平的高低；二是原有货币交易商数量的多少决定了建立共同货币区的货币选择；三是建立共同货币区时，原有货币间的转换相对于采取新货币的形式来说福利更多，成本更低。

（2）中亚国家的货币转换博弈

在当前中亚国家的货币格局中，中亚国家无疑面临着两种选择：一是继续承受现有货币体系波动的风险；二是承受改变现有货币格局接受新货币的转换成本。如果中亚国家改变现有货币格局接受新货币所带来的收益足以弥补转换成本，那么这将是一个占优策略；否则，中亚国家会继续维持现有货币格局。人民币中亚区域化的推进与否，直接关系到中亚国家可转换货币的选择余地及网络外部效应的大小。因此，中亚国家的货币转换表现为"囚徒困境"博弈（见表3–5）。

表3–5　中亚国家货币转换的"囚徒困境"博弈

		国家2	
		不转换	转换
国家1	不转换	（1）–7，–7	（3）–4，–11
	转换	（2）–11，–4	（2）–5，–5

假设：中亚国家如果选择维持现状，那么继续承受现有货币体系波动的风险成本为 –7。如果选择接受新货币可以分为两种情况，一是国家1和国家2只有一个国家接受新货币，那么这个接受新货币的国家需要承担全部的转换成本 –8，获得的收益为4，不转换的国家成本仍为 –7，获得的收益为3；二是国家1和国家2全部都接受新货币，那么转换成本可以分摊，每个国家承担的转换成本为 –4，获得的收益均为6。

那么中亚国家货币转换的双方博弈（见表3–5）就有四种可能：一是国家1和国家2都选择维持现状的净收益均为 –7；二是国家1选择维持现状，净收益为 –7+3=–4，国家2选择接受新货币，净收益为 –7–8+4=–11；三是国家1选择新货币，净收益为 –7–8+4=–11，国家2选择维持现状，净收益为 –7+3=–4；四是国家1和国家2都选择接受新货币，净收益均为 –7–4+6=–5。

结论：如果人民币在中亚国家的整个区域内没有协调一致，那么就无法形成足够大的规模效应，即收益不足以弥补转换成本，则各国都会选择"不转换"的博弈结果。如果人民币在中亚国家的整个区域内协调一致，那么就可以通过网络外部效应的扩大来有效消除个体转换的不确定性，即中亚国家从中分享更多的收益，形成多赢博弈。

第三节　人民币中亚区域化模式选择的条件分析

一、现实基础

（一）国家的经济实力

货币的国际地位与国家经济实力互为充要条件。在国际经济交往中，一国货币能否被用来作为计价结算货币，主要依靠的是该国货币在贸易企业中的被认可度和被接受程度，而该国货币的被认可度和被接受程度，来自该货币发行国的经济实力。随着一国经济实力的不断提升，扩大在世界经济中的比重，他国对该国货币购买力信心也随之确立，进而有效提升该国货币区域化程度。

货币区域化模式选择的国际实践经验也已证明，经济实力与货币地位之间的关系是相辅相成的。英镑和美元获得国际地位的根本原因就在于英国和美国强大的经济实力，而维持稳定的国际地位依靠的也是国家经济规模与经济增长的稳定性。英国通过工业革命提高了商品竞争力，通过国际贸易顺差积累巨额财富，从而拥有强大的经济实力。美国依靠两次世界大战的影响一跃成为世界经济大国，在国际货币体系中占据重要地位。德国马克和日本日元亦是如此。

一国经济实力作为一个综合性的指标包括许多内容，最为主要的两个内容是经济规模和外汇储备。货币区域化的实现依靠国家雄厚的经济实力，而雄厚的经济实力就体现在庞大的经济规模和充足的外汇储备上。改革开放以来，我国经济实现了高速发展。截至2016年年底，中国的国内生产总值为12.25万亿美元，已经成为仅次于美国之后的世界第二大经济体；进出口贸易总额为3.68万亿美元，继续保持第一贸易大国的地位；外汇储备为3.01万亿美元，仍然是全球最高的国家。从实物投放规模来看，中国很多产业指标在世界经济中占有重要位置，例如，我国的粮食、棉、油、钢、煤、水泥等产量都在世界经济中排名第一；另有一些产业在世界经济中排名前列，如原油产量、发电量、货运量等；还有一些产业也具有惊人的发展速度，例如器材、机械、制造业、冶金、化工等，在世界的各个角度都会出现"中国制造"。据国际货币基金组织分析，从经济贡献程度来说，中国已经成为对世界经济贡献度第二大的国家。在发展落后的中亚国家区域内，为推进人民币中亚区域化，中国已然具备了强大的经济实力这一重要基础。

（二）国际贸易的地位与规模

货币区域化的本质是货币对外输出的过程，而货币对外输出离不开国际贸易。通常来说，一国货币区域化程度越高，则该国出口额在世界出口额中的占比就越大，发生在与发展中国家间的出口商品中结构差异性制成品占比也就越重。根据贸易计价货币选择理论可知，由于贸易产品自身特点和进出口商采用的规避风险的方法不同而产生了相关的报价惯例，国家的发展程度和商品结构等直接决定了计价结算货币的选择。通过货币区域化的国际实践经验可以发现，广泛的贸易网络和强大的贸易规模，是英国、美国、日本实现货币国际化的基础。

国际贸易地位的提升与规模的扩大也离不开国家经济实力的增强。当该国经济和贸易发展到一定程度时，就会提升该国企业在进行交易时货币使用的话语权，进而该国货币将逐步成为国际贸易中的计价货币，增强货币的区域化程度。经过近30年的高速发展，中国已经发展为世界贸易大国，中国通过对外贸易将中国制造的商品及提供的服务惠及世界各个角落。其中，与中亚国家的进出口贸易总额也在飞速增长，中国已经成为中亚各国最重要的贸易伙伴国。但由于中国出口商品附加值不高且不具有竞争力等原因，导致中国的外贸企业不具有结算计价货币的选择权。由于贸易结算货币的选择权在中亚国家外贸企业手中，因此，具有预期升值效应的人民币经常被中亚国家企业作为出口结算货币，而进口结算货币仍选择美元。对中亚国家企业而言，这种计价结算货币的选择可以通过汇率波动获取额外的收益。作为货币输出国的中国，在未来有望实现在贸易往来中采用人民币计价结算。

对外投资为国际贸易的发展添砖加瓦，使得国际贸易具有一种乘数效应。当一国企业或政府对外进行投资时，必然要将本国货币兑换成他国货币或资产，而在这个过程中就会出现货币不停地兑换与交易，该国货币在境外的使用程度及使用范围也将进一步得到扩大，进而促进该国货币迅速流通于国际市场，同时有利于拓展其在国际市场中的货币职能，推动货币区域化进程。目前，我国已经实现了由接受对外投资最多的国家到发展对外投资最多的国家的转变，但在世界发展规模中我国对外投资仍处于初级阶段。在中亚国家刚刚独立时期，受其经济发展水平及自然环境等因素的影响，流向中亚国家的对外直接投资数额较小，其中中国的投资也较少。进入21世纪以来，国际资本开始偏好于具有丰富石油、天然气及矿产的资源的中亚国家，中国的投资也在源源不断地流入中亚国家，并且已经逐步发展成为中亚国家的最重要的投资来源国。

（三）金融市场的发达、自由程度

一个国家要推进货币区域化进程，就要求该国具有发达的金融市场和充分自由的资本流动。发达的金融市场不仅体现在其深度和广度上，如发达的二级市场、丰富多样的金融工具等，还体现在金融体系的完善性、金融机构的竞争力、金融监管制度的健全性及成熟的离岸金融中心等方面。一个国家的货币区域化离不开发达、自由的金融市场的重要原因在于，国内外居民不用担心承担过多成本，就可以自由迅速地进出该国金融市场，利用金融工具获取投资收益。这样发达、开放的金融市场有利于促进银行业在国际竞争中的地位。因此，影响货币区域化程度的重要因素之三是金融市场的发达、自由程度。

经过多年发展，与英国、美国、日本相比，我国金融市场仍不能称之为发达、自由的金融市场，但也发生了明显的变化。主要体现在金融市场规模和活跃度、金融市场的功能、金融市场结构、金融市场产品和交易方式、金融市场运行机制等方面。在人民币不能自由兑换的前提下，国际上人民币金融产品缺乏和中亚国家中人民币回流机制不健全直接制约了人民币在金融领域的跨境流动。可见，随着中国与中亚国家经贸、金融往来日益密切，人民币在中亚国家的留存数量也将越来越多，人民币境外沉淀的日益庞大与缺乏人民币投资渠道两者之间不对称，必将影响人民币在中亚国家的流通及长期发展。

（四）货币的价值稳定性

衡量一国货币的发展程度及国际地位的重要指标就是货币价值的稳定性。若一国货币价值存在不稳定性，人们对该货币的持有信心就会发生动摇，进而影响该货币在国际市场中的地位以及货币的国际化进程。因此，稳定的货币价值不仅有利于降低使用者的成本，更有利于规避汇价与物价波动带来的风险。

货币在市场领域中发挥货币职能的重要条件就是保持货币币值稳定。在对外贸易中，贸易双方一般都会将币值较为稳定的货币作为计价货币，用以降低交易成本和汇价变动风险。在金融交易中，投资保值是国内外居民愿意持有该货币的重要前提。货币币值的稳定性特质有助于加大该货币成为他国替代货币、金融资产标的、官方储备货币等的可能。另外，一国货币币值稳定以及拥有雄厚的经济实力有助于该货币成为其他国家的锚货币，进而带动该国对外贸易的继续扩展及经济实力的增长。

通过货币区域化模式选择的国际实践经验的比较可以发现，德国马克相对于其他国际货币而言，其货币稳定性最好。在欧元区产生之前，德国最大的竞争国是英国和法国。在1998年，德国金融市场由于受到政府的严厉控制，其发展与英国、法国相比，存在一定的差距，尤其是股票市场和外汇市场。但其却拥有币值稳定的独特优势，而这种独特优势正是帮助德国马克走向国际化的重要推动力。

人民币的币值稳定，不仅可以获取国内外居民对持有人民币的信心，还有利于人民币的稳定流通，有利于降低汇率波动带来的调控成本，进而促进人民币区域化的发展。而保持人民币币值稳定既需要做到对内稳定，又需要做到对外稳定。对内主要是维持国内通货膨胀率的平衡，对外主要是维护汇率波动的平衡。在通货膨胀方面，中国政府在多年的实践摸索中，已经具备控制通货膨胀率并保持稳定变化的经验；在汇率方面，人民币在实行汇改之后一直处于平稳的上升态势，已逐渐接近人民币的真实价值。通货膨胀和汇率的稳定性大大增强了我国居民的购买力水平和生活水平，并对我国经济发展产生了一定的促进作用，同时增强了国外人员持有人民币的意愿，为人民币实现区域化奠定了良好的基础。

二、实证检验

（一）模型构建

一般情况下，对于一个问题的分析，诸如该问题能否发生、发生概率、怎么发生、如何发生等，是经常需要考虑的。如果要将这些问题数量化，可以采用一个二分变量模型对其进行估计。经济学界二分变量的估计模型经常采用 LMP 模型，其表达式为：$Y_i = \beta_0 + \sum \beta_i X_i + \varepsilon_i$，其中，二分变量用 Y_i 代表，随机扰动项用 ε_i 代表。在给定 X_i 的情况下，某些事情将要发生的概率可以用 Y_i 在给定 X_i 条件下的期望 $E(Y_i / X_i)$ 表示，因此当 $E(\varepsilon_i)=0$ 时，$E(Y_i / X_i) = \beta_0 + \sum \beta_i E(X_i)$。由于概率的数值应该保持在 0 和 1 之间，所以需要将 $0 \leqslant E(Y_i / X_i) \leqslant 1$ 作为约束条件。通过理论经验来看这个条件是正确的，但在实际运算中，$E(Y_i / X_i)$ 的估计值 $\hat{Y}_i$ 能否满足上述条件是无法保证的。而解决这种问题的办法有两种：一是使用普通最小二乘法对模型进行估计。但这种方法对模型参数估计的有效性不能保证，可以通过烦琐的处理过程进行处理，且估计效应未必理想。二是二元 Logit 回归分析法，通过将 LMP 模型进行对数形式的改造，来保证模型的合理性及有效性。

假设把人民币在中亚各国的区域化情况的这个变量命名为 h_i，被解释变量为人民币能否实现在中亚国家的区域化，并用 y_i 表示，则有：

$$y_i = \begin{cases} 0(h_i \leqslant 0) \\ 1(h_i > 0) \end{cases} \tag{3.1}$$

而变量 h_i 的影响因素有很多个，因此，这些影响变量 h_i 的因素定义为 Z_i，Z_i 作为一个线性函数，其中解释变量的向量用 X_i 表示，参数向量用 β 表示，随机扰动项用 η_i 表示，可以推算出：

$$Pr(y_i = 1) = Pr(X_i \beta + \eta_i \geqslant 0) = Pr(\eta_i \geqslant -X_i \beta) = 1 - F(-X_i \beta) = F(X_i \beta) \tag{3.2}$$

其中 F 是 η_i 的累积分布，假设 η_i 服从逻辑分布，则可以根据上式设定为：

$$Pr(y_i) = \frac{1}{1 + e^{-Z_i \beta}} \tag{3.3}$$

如果将函数向量 β 中的常数项系数分离出来，公式 3.3 就可以写成：

$$Pr(y_i) = \frac{1}{1 + e^{-(\beta_0 + \sum \beta_i x_i)}}，（其中，常数项为 \beta_0） \tag{3.4}$$

通过简单地换算可以将公式3.4转化为：

$$\ln\frac{P(y_i)}{1-P(y_i)} = \ln\frac{P(y_i)}{\overline{P}(y_i)}\beta_0 + \sum\beta_i x_i \qquad （式3.5）$$

其中事件不发生的概率用$\overline{P}(y_i)$表示，某一事件的发生比用$\frac{P(y_i)}{1-P(y_i)}$表示。根据公式3.5可以找到发生比与自变量之间存在的关系是：

$$\frac{P(y_i)}{1-P(y_i)} = \exp(\sum\beta_i x_i) \qquad （式3.6）$$

（二）数据说明

本书将选用中国人均国内生产总值、中国与中亚国家间的贸易额、中国对中亚国家的直接投资、汇率的波动率等作为实现人民币中亚区域化的解释变量，采用2011—2015年的均值数据进行实证分析。现对实证指标作如下解释：

被解释变量Y_i：本书采用的实证模型为二元 Logit 模型，被解释变量$y_i = \begin{cases} 0(h_i \leqslant 0) \\ 1(h_i > 0) \end{cases}$，因此需对人民币中亚区域化实现情况$h_i$做一界定：当中国与中亚国家间进行贸易往来时，发生人民币本币结算或区域内签订双边货币互换协议等，都被看做实现人民币在中亚国家区域化，并对被解释变量Y_i赋值为1；当中国与中亚国家间未签订双边货币互换协议、人民币很少或没有被作为边贸结算货币时，被视为没有实现人民币在中亚国家的区域化，对被解释变量Y_i赋值为0。

中国人均国内生产总值：中国与中亚国家在经济发展水平上差距较大，采用人均国内生产总值这个相对数据可能更具有说明力。人均国内生产总值的数据来源于中国统计年鉴，用 GDPPC 表示。

中国与中亚国家间的贸易额：该指标采用的是中国对中亚各国的进出口总额，用 TRADE 表示，数据来源于中国统计年鉴。

中国对中亚国家的直接投资：该指标采用的是中国对中亚各国直接投资的存量值，用 FDI 表示，数据来源于中国统计年鉴。

汇率的波动率：该指标采用的是人民币对中亚各国货币的汇率波动率，未直接挂牌交易的，通过美元进行套算，用 RE 表示，RE=STDEV（RE_{ij1}，……，RE_{ij12}），原始数据来源于世界银行官方网站。

（三）实证检验

本书选取了四个解释变量用于构建如下模型：

$$\ln\frac{P(y_i)}{1-P(y_i)} = \beta_0 + \sum_{i=1}^{4}\beta_i x_i \qquad (3.7)$$

首先，为避免异方差的存在影响模型的估计结果，在对 Logit 模型做参数估计时均进行了 Huber/White 异方差调整。参数估计结果见表3.6。

其次，表3.6中通过参数估计得出的四个变量的系数值，可以将公式3.7写为：

$$\ln\frac{P(y_i)}{1-P(y_i)} = \beta_0 + \sum_{i=1}^{4}\beta_i x_i = 4.8313 + 0.6466GDPPC + 9.8907TRADE + 2.543FDI - 1.84RE \qquad (3.8)$$

进一步可写出：$P(y_i) = \dfrac{1}{1+e^{-(4.8313+0.6466GDPPC+9.8907TRADE+2.543FDI-1.84RE)}}$ （3.9）

最后，由模型检验数据可以看出，四个变量的系数都通过了5%的显著水平，也就是说，在人民币中亚区域化的实现问题中，这四个变量都具有一定的解释力。

下面对四个变量的实证检验结果解释如下：①汇率波动率的系数为负，说明汇率波动率对人民币在中亚的区域化进程中起到的是反方向的作用，即汇率波动率越小，人民币在该国的接受程度就越高，也就是说，在很大程度上人民币能够实现在该国的区域化。②中国人均国内生产总值、双边贸易额与对外直接投资系数为正，表明中国人均国内生产总值、双边贸易额及对外直接投资对人民币在中亚区域化进程中起到的是正方向的作用。也就是说，中国人均国内生产总值越高，中国对中亚各国的进出口贸易额及对外直接投资越多，人民币在该国区域化的可能性就越大。

检验结果中的 Ad-R^2 统计量值为0.9323，说明该模型的运用能够很好地对数据进行拟合，其结果具有一定的说服力。另外，表3-6检验结果显示，该模型检验结果的正确预测率达96%，因此，对人民币中亚区域化模式选择基础条件的模型设定是较为合理的。

表3-6　模型参数估计结果

变量	常数项	人均国内生产总值	双边贸易额	对外直接投资	汇率波动率
系数	4.8313	0.6466	9.8907	2.543	−1.84
S.E.	9.095	12.4325	5.5277	4.1572	4.03
P.	0.0000	0.00791	0.00000	0.00000	0.0065
Ad−R^2					0.9323
Correct%					96%

三、基础评析

本节主要是对人民币中亚区域化模式选择的基础条件进行了实证分析。研究表明，人民币中亚区域化的实现，需要中国必须具备强大的经济实力、在国际贸易和金融市场占有较大份额及人民币币值稳定等重要因素。本书通过选取现实因素的相关指标进行实证检验结果显示，中国人均国内生产总值、对外直接投资及双边贸易额是选择人民币中亚区域化模式的重要基础。中国人均国内生产总值越高，中国对中亚各国的进出口贸易额及对外直接投资越大，人民币在该国实现区域化的可能性就越大。汇率波动率对人民币在中亚的区域化实现也产生了一定程度的影响，即汇率波动率越小，人民币在该国被接受的程度就越高，也说明在该国实现人民币的区域化具有很大的可能性。

目前，尽管人民币中亚区域化处于起步阶段，但人民币已经开始被接受充当支付货币。近年来，中国政府已经高度重视人民币中亚区域化的推进，正积极实施中国与部分中亚国家货币互换协议的连续签订及汇率挂牌交易等措施。另外，为推进人民币中亚区域化进程，我国政府在具体政策调整方面也做出了很多努力。2009年至今，中国出台一系列相应政策，旨在推进跨境贸易人民币结算，这就说明我国已经开始推进人民币区域化。但是中国还应该在更多方面做出努力，以更快更有效地促进人民币中亚区域化的步伐。

首先，从经济总量上来看，中国已经具备强大的经济实力。但从人均角度出发，中国的人均国内生产总值水平仍较低。我国当前在经济发展中仍存在很多问题，如经济结构不合理、收入分配失衡等。因此，为提高国民的整体生活水平，做到藏富于民，我国政府应该积极采取各种措施，进而推动我国经济实力的快速提升。

其次，中亚国家经济发展水平低，国内资金供应不足，因此，这些国家不得不引进外资，通过增加负债的方式吸收外来资金发展本国经济。针对这些情况，作为区域内经济大国的中国，在与中亚国家发生经济金融合作的同时，应该通过提供优惠人民币贷款等方式，继续帮助中亚国家解决资金短缺的问题，在一定程度上帮助这些国家减轻外债负担，进而提高中亚区域内人民币的被接受程度。这将有利于推进人民币中亚区域化的进程。

最后，中国应该主动加强与中亚国家的经济金融合作，促进贸易投资的进一步深化，通过中国在中亚国家影响力的不断增强，进而提高人民币在中亚国家的被接受和使用程度。

当然，这些利益的获得，都离不开政府的支持，政府应积极采取配套措施，以有效突破和解决人民币中亚区域化进程中的困境和问题，如鼓励境外银行开展人民币业务等。

第四章

人民币中亚区域化模式选择的
影响因素分析

4

第一节　人民币中亚区域化模式选择的宏观影响因素

一、中亚区域内的经济发展水平差异

中亚国家在独立初期的经济改革中，各自走上了不同的道路，主要分为两种模式：一是激进式的"休克疗法"模式；二是渐进式的改革和发展模式。在经历了政局动荡和经济萧条之后，中亚国家先后实现了由计划经济向市场经济的转变，并在市场经济体系下对本国的经济发展做出了规划。21世纪初，中亚国家经济开始高速发展，其原因主要在于独立后国内经济的恢复以及普遍上涨的国际市场原材料价格等。遭受了2008年全球金融危机之后，中亚国家的经济出现明显的下滑态势。目前，经过一定时期的恢复，中亚国家的经济发展已经进入相对稳定的阶段，经济前景良好。

（一）经济规模比较

经历过了独立之后的经济衰退，中亚国家的经济总量直到2001年之后才开始出现高速增长态势，其增长速度均高于世界平均水平（见图4-1）。从图4-1中，可以看出，中亚五国之间的经济发展水平差异较大，其中哈萨克斯坦的发展速度最快，其次是乌兹别克斯坦、土库曼斯坦，最后是塔吉克斯坦和吉尔吉斯斯坦。产生这种较大差异性的原因主要包括历史经济发展程度、国内政治经济形势、各国拥有的自然资源和国家管理水平等因素。

哈萨克斯坦在苏联时期凭借自身丰富的石油、矿产等资源优势，一直以工业生产为主，从而使其独立后在中亚五国中一直处于领先主导地位，2015年哈萨克斯坦的国内生产总值规模达1843.6亿美元，占中亚国家总规模的58.1%。

乌兹别克斯坦也具有丰富的石油天然气资源，尽管国内经济平稳发展，但其增长速度仍不及哈萨克斯坦，造成这种结果的主要原因在于乌兹别克斯坦的对外开放程度有限。2015年，乌兹别克斯坦国内生产总值规模占中亚国家总规模的21.3%。土库曼斯坦除了丰富的天然气资源外，由于其中立国的身份，使得该国具有较小的政治风险，再加上多元化出口战略的实施，在中亚国家总规模中占比16.1%。塔吉克斯坦和吉尔吉斯斯坦在苏联时期就一直以农业经营为主，在收入上与其他三个工业国相比存在一定差距，且独立后的塔吉克斯坦与吉尔吉斯斯坦国内局势不稳定，都曾爆发内战或动乱，致使两国经济实力弱，经济发展落后，严重依赖外援。塔吉克斯坦和吉尔吉斯斯坦国内生产总值总量在中亚国家总规模中的占比仅为2.4%和2.1%。（见图4-2）

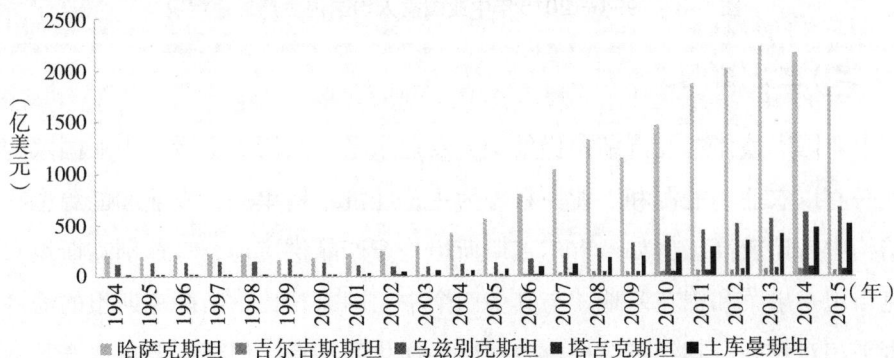

图4-1　1994—2015年中亚五国国内生产总值总量

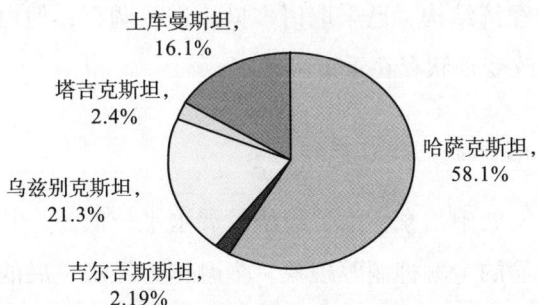

图4-2　2015年中亚各国国内生产总值在中亚国家总规模中的占比

从人均经济水平来看，中亚国家总体在世界经济体系中仍处于欠发达水平。其主要原因也是因为各国差异较大。2015年，中亚国家的人均国内生产总值为4268.2美元，远低于世界平均水平的10138美元，也不及中国49992元人民币的人均国内生产总值（见图4-3）。在中亚五国中，哈萨克斯坦是最富有的国家，人均国内生产总值达10509美元。塔吉克斯坦是中亚五国中人均经济水平最低的国家，人均国内生产总值只有925美元，与哈萨克斯坦相差有10倍之多。

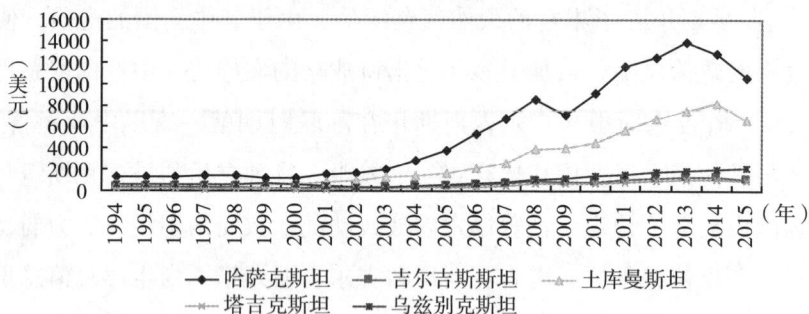

图4-3 1994—2015年中亚国家人均国内生产总值情况

（二）经济结构

中亚国家整体的经济结构仍处于欠发达水平。从历史上看，中亚国家的生产就一直以农业、能源和工业原料等为主，经济结构单一，农业和能源也在产业结构中占比较高。例如，吉尔吉斯斯坦是畜产品供应地，乌兹别克斯坦和塔吉克斯坦是果菜和棉花基地。与其他四个中亚国家相比，哈萨克斯坦的经济发展水平相对较高，其经济结构也表现出多样化的特点，但其主要出口产品和工业生产也是以能源和矿产为主。土库曼斯坦的发展也是依靠天然气的出口。中亚国家面对单一的经济结构，已采取诸多措施进行调整，但由于缺乏资金、技术、人才等供应，改变现状存在重重困难。

（三）金融基础薄弱

中亚国家作为发展中国家，除了经济发展水平较低外，其金融发展也较为薄弱，存在较为明显的金融抑制等现象。金融作为经济发展的重要因素，在中亚国家并没有体现出金融支持经济发展的作用。中亚国家的金融市场欠发达主要是由于其狭窄的融资渠道、不足的金融创新、单一的融资方式等因素的影响。此外，受政治、历史、文化等多方面因素影响，中亚国家之间的金融发展水平也存在较大的差距。其中，哈萨克斯坦、土库曼斯坦的金融发展水平相对较高，乌兹别克斯坦、塔吉克斯坦和吉尔吉斯斯坦的金融发展水平相对较低。

在中亚国家中金融市场发展能力弱还表现在金融机构经营管理水平不足、系统性风险高、抗风险能力低、资本充足率低、金融监管能力差、金融信用评级差、汇率不稳定等方面。

二、中亚区域内的营商环境欠佳

人民币中亚区域化的推进，依靠的是中国与中亚国家的经贸合作。而中亚国家经济发展水平较低、经济结构单一、市场经济体制尚不健全、法制法规还不完善、安全形势不乐观等问题的存在，直接影响了中国与中亚国家的经贸合作，并进而影响了推进人民币中亚区域化发展的进程。

（一）中亚国家腐败问题严重

在中亚国家存在较为严重的腐败问题，经常会有滥用权力、秘密交易、贿赂等不法行为的发生，再加上不透明的管理体系，这都对中亚国家的经济发展产生重要的影响。在对外贸易领域里，时常会发生贿赂等行为，"灰色清关"现象直接损害了贸易双方的利益。例如，在乌兹别克斯坦，会有官员为收取贿赂而在海关清关中非法囤积商品，若贸易企业未实行贿赂就会遭到海关的各种刁难，延长通关时间。

（二）中亚国家的政策干预随意性强

外国投资企业在中亚国家进行经营活动时，经常会面临由政策多变及执法随意带来的诸多风险，从企业设立到开展经营活动，都受到了相关政策不确定性的影响。例如，哈萨克斯坦限制外国劳务人数，使在哈企业难以聘请哈国以外的经营人员及技术人员，直接影响了企业的正常经营。乌兹别克斯坦提高外企在乌的注册资本金，占压了企业的流动资金。中国企业在中亚国家的投资也面临许多障碍，对中资企业无法落实相关优惠政策，增加了中资企业对中亚的投资阻力。在对外贸易方面，中亚国家征收较高的关税，而且海关效率低下，政策措施经常变动，常常使得外贸企业措手不及，不仅增加了交易成本，还拖延了交易时间，制约了对外贸易的发展。

此外，处于经济转型期的中亚国家各项法律法规并不完善，经济政策缺乏连贯性和稳定性，经济金融合作与落实面临很大的难度。例如，中国与中亚国家的跨境运输合作，中亚国家在途中设置多个收费站、收费不规范等因素直接影响了中国与中亚国家的合作关系。

（三）中亚国家安全形势不容乐观

中亚国家的政治体制具有脆弱性和不确定性，因此，中亚国家政局时常发生变动。中亚国家在政治安全方面，外部受中东动荡局势和域外势力干预的影响，内部受民族矛盾、贫困、腐败等影响，致使中亚国家面临政局不稳的风险。中亚国家在地理位置上也经常受到宗教极端势力、民族分裂势力、国际恐怖势力等的干扰，暴力恐怖活动、毒品网络及跨国犯罪活动时有发生。这些都对中亚国家的安全造成了很大的威胁。

在中亚国家区域内部也存在一定的矛盾，缺乏政治互信。首先，在领土划分上，中亚国家的边界划定并没有完全实现，因此，内部领土争端时有发生。乌兹别克斯坦与吉尔吉斯斯坦、吉尔吉斯斯坦与塔吉克斯坦等都曾因边界争议发生交火事件。其次，在水资源的分配上，由于中亚五国所在的立场不同，发生冲突在所难免，尤其是乌兹别克斯坦与塔吉克斯坦之间的矛盾难以调和。最后，在外交政策上，中亚各国的外交政策取向不一致，互信程度低，平衡各方经济利益的难度较大。

三、中亚区域内的人民币业务差异

作为中亚五国中第一经济大国的哈萨克斯坦，在经济规模、国土面积、经济管理等方面相对于其他四国而言占有绝对优势，并拥有举足轻重的地位。人民币跨境业务在中亚五国间的发展也是一样，哈萨克斯坦的业务发展一直最为迅速。

在贸易投资领域，从中亚各国在中国与中亚国家进出口贸易额中的占比来看，哈萨克斯坦一直都是中国在中亚的最大贸易伙伴国。从中国对中亚国家直接投资的流量数据看，哈萨克斯坦增长最快，占比最高。从中国对中亚国家直接投资的存量数据看，哈萨克斯坦也一直占据主导地位。

就货币互换而言，在中亚国家中，中国已经和哈萨克斯坦、乌兹别克斯坦、塔吉克斯坦三国签署了货币互换协议，与吉尔吉斯斯坦、土库曼斯坦尚未开启货币互换合作。而中国与哈萨克斯坦签署的货币互换协议规模最大，为70亿元人民币。

在货币交易方面，哈萨克斯坦和塔吉克斯坦的货币先后与人民币实现了汇率挂牌交易，这也就意味着中国与哈萨克斯坦和塔吉克斯坦的货币交易进入市场化阶段。其中，哈萨克斯坦货币坚戈作为首个与人民币进行现汇交易的货币，体现了哈萨克斯坦在中亚国家中强大的经济地位。

在结算便利性方面，中亚国家中在中国境内开设人民币代理账户和建立代理行关系的商业银行数量当属哈萨克斯坦最多。同时，在中亚国家中与中国银联具有密切合作关系的也是哈萨克斯坦的银行。中国工商银行于1993年第一次在海外成立了经营性机构，即在哈萨克斯坦成立了中国工商银行（阿拉木图）股份公司，并成为进入哈萨克斯坦国家的第一家中资银行。同年，中国银行也在哈萨克斯坦成立了自己的分支机构——中国银行阿拉木图分行（后更名为哈萨克中国银行）。国家开发银行拥有大量的海外业务，于2005年底开始向哈国派工作组开展相关业务。哈萨克斯坦BTA银行作为哈国第三大商业银行，于2010年成为拥有人民币现汇兑换业务办理权利的第一家哈萨克斯坦银行。2012年6月，BTA银行又将人民币代理账户开设在了中国工商银行（阿拉木图）股份公司，为双边贸易规避汇率风险等带来便利。

四、中亚区域内的大国货币博弈

当今，世界各国的经济和政治关系越来越密切。中亚依靠着其地理位置和战略资源优势，逐渐成为大国争夺政治经济利益的核心区域。

（一）美元仍然是中亚国家主导性国际货币

作为当今世界第一大国的美国，面对具有独特地缘战略优势的中亚国家，其为维护自身利益，无疑会对中亚国家地缘政治价值更加重视。近些年，美国通过强大的军事力量在中亚、西亚发动了阿富汗、伊拉克两场战争，获得高额经济利益的同时，也扩张了本国的国际势力。美国为了将中亚国家纳入自身的势力范围，也在中亚区域内实行一系列的计划和倡议。

早在1999年，美国为帮助新独立的中亚国家摆脱俄罗斯和伊朗的影响，实施了"丝绸之路战略法案"计划，并利用里海地区新发现的油气资源促使其能源进口多元化。此外，中亚国家市场经济和民主政治体制的建立也受到美国的支持。美国还通过经济手段促使中亚国家的经济、能源市场向欧洲开放。2001年"9·11"事件发生后，中亚国家成为美国加大力量控制的区域。

自2004年开始，美国先后在中亚提出多个发展计划。2011年美国提出的"新丝绸之路计划"，看似是支持中亚国家的经济发展，实则是为了开发中亚国家的能源、矿产等资源来扩大在中亚国家的势力范围，以及巩固阿富汗的战果，促使战后经济政治平稳发展。"新丝绸之路计划"战略的实施地点主要集中在中亚和南亚，美国在这个区域内的势力扩张，必定会与俄罗斯和中国发生明显的地缘政治竞争。中国要提高在中亚国家区域内的影响力，并积极推进"丝绸之路经济带"的建设步伐，势必会受到美国在政治、经济、文化等各个领域的干扰。

在当今国际货币体系中，美元仍然作为主导货币在世界贸易中充当计价结算货币，发挥着国际货币职能。而美元作为中亚国家的关键货币，依然充当着中亚国家对外结算以及银行间外汇交易的主要货币。由于美元在中亚国家境内具有较为便利的兑换条件，因此，中亚国家发生对外经济活动时就更倾向于使用美元进行结算。尽管2008年全球金融危机的爆发使美元的国际地位有所动摇，尽管卢布、人民币等货币在中亚国家开始呈现活跃发展的势头，但美元仍然作为国际货币在中亚国家中扮演着重要的支付结算的职能。

（二）卢布在中亚国家谋求传统地位

无论是从地缘战略还是政治经济来看，中亚国家对于俄罗斯而言具有不容忽视的重要地位。苏联时期，俄罗斯与中亚五国的经济、政治等共同发展。即使在中亚国家相继独立后，从地理位置和经济往来等角度看，俄罗斯与中亚国家依然是密不可分的。中亚国家对于俄罗斯而言不仅仅是一个重要的盟友，还是关系着俄罗斯国家安全的重要通道。俄罗斯大量的工业生产也都集中在俄罗斯与中亚的边界地区。中亚国家还作为俄罗斯的商品销售市场和重要的能源产地支撑着俄罗斯的发展。俄罗斯一直将中亚国家视为优先外交发展国。因此，俄罗斯为巩固自身在中亚国家的势力范围以及恢复独联体国家的主导权，一直在做着努力，如"加大投资来吸引""隔断市场来施压"等。尽管俄罗斯与中国也是友好合作国，但在与中亚国家的合作中，中国在中亚国家影响的逐渐增强，难免会触碰到俄罗斯的政治经济利益。

苏联时期，中亚五国作为苏联的加盟共和国，不单独发行货币，统一使用苏联货币卢布。中亚国家先后独立初期，也延续使用了一段时间的货币卢布。随着中亚国家经济的发展以及独立性的提高，中亚五国先后退出卢布区，开始发行和使用自己独立的货币。尽管中亚国家已经开始使用本国货币，但由于独联体长期的特殊关系，卢布仍然发挥着重要的货币职能。俄罗斯在继续加强同中亚国家合作的同时，也在努力将本国在中亚国家的势力范围恢复到苏联时期的地位，因此，俄罗斯势必将中亚国家作为重要的合作伙伴国。俄罗斯也在关注与中亚国家贸易往来时的结算计价货币的选择，积极推动卢布在贸易结算中的使用比例的提高。随着区域内合作的深入，由俄白哈三国的关税同盟发展到欧亚经济联盟都是旨在提高货币金融政策的一致性，以推进货币领域一体化进程。

（三）中国在中亚国家经济发展中的地位和作用

1. 地理位置

在中亚五国中，哈萨克斯坦、塔吉克斯坦和吉尔吉斯斯坦与中国接壤，而乌兹别克斯坦和土库曼斯坦与中国在地域上也较为接近。从接壤的国境线角度来讲，中国是与中亚五国边界接壤最多的国家，有3000多公里共同边界。地域上具有的毗邻关系等直接优势，为中国与中亚国家之间的经济、金融、贸易等往来合作搭建了桥梁，不仅有助于贸易成本的降低、运输距离的缩短等，还有利于促进国家间的经贸往来、增加贸易或旅游等境内外的流动规模数量，带动各国的经济发展。

2. 合作平台

中亚国家自独立后，中国与中亚各国的各方面的关系便迅速建立起来，并保持良好的发展。其中，为中国与中亚国家开展政治、安全、经济、人文等方面的交流合作的平台——上海合作组织的建立提供了有效的保障。这些良好完善的合作基础促进了中国与中亚国家的经贸合作，积极促进人民币在区域内的广泛流通。中国与中亚国家在上海合作组织框架下构建了多层立体金融合作架构，例如，金融合作、银行政策协商等机制和平台的搭建。

3. 战略伙伴关系

自中亚国家独立之后，中国与中亚各国的政治关系的迅速建立与良好持续的发展，为中国与中亚国家的经贸、金融深入合作奠定了坚实的基础。中国与中亚国家经贸往来的加深，以及中国在2013年9月提出的旨在促进丝绸之路沿线国家经济发展的"丝绸之路经济带"建设的倡议，都有利于中国与中亚国家的战略合作伙伴关系的深化。全面升级中国与中亚国家外交关系，也促使中亚国家区域成为中国周边的密集的战略伙伴。中国与中亚国家战略伙伴关系的深化和升级，更有利于人民币在中亚区域的使用和流通，今后也将发挥更多的货币职能。

4. 贸易投资

经过近30年的高速发展，中国已经发展为世界贸易大国，通过对外贸易，将中国制造的商品及提供的服务惠及世界各个角落。其中，中国与中亚国家的进出口贸易总额也在飞速增长，中国已经成为中亚各国最重要的贸易伙伴国。目前，中国已经实现了由接受外资最多的国家发展到对外投资最多的国家的转变。但在世界发展规模中，中国对外投资仍处于初级阶段。在中亚国家刚刚独立时期，受其经济发展水平及自然环境等因素的影响，流向中亚国家的对外直接投资数额较小，中国对其投资也较少。进入21世纪以来，国际资本开始偏好于具有丰富石油、天然气及矿产资源的中亚国家，在中亚国家中，来自中国的投资也在快速增长，中国正逐步发展成为中亚国家的最重要的投资来源国。

第二节 人民币中亚区域化模式选择的微观影响因素

一、中国与中亚国家的贸易地位不平等

近年来，中国与中亚国家的贸易往来日益频繁，其中，由中国出口到中亚国家的商品主要是以衣服、鞋帽等轻工业产品为主，机械、电子设备等科技类

产品也在逐年增加，贸易商品结构在发生较明显的变化，资本密集型和技术密集型产品虽有涉及，但仍以劳动密集型为主。由中亚国家出口到中国的商品主要以资源型产品为主，具有明显的刚性需求的特征。劳动密集型产品由于具有较强的替代性，因而在产品市场中常常表现出激烈的市场竞争，而资源型产品价格一般都是由国际市场决定，并以美元作为计价货币。因此，中国出口产品在面临激烈竞争和出口不畅以及国际计价规则的宏观经济背景之下，为了获取更多的外贸订单，在结算货币的选择上，中国出口企业往往处于弱势地位；而在计价货币的选择上，中国进口企业往往处于被动地位。

二、人民币跨境结算使用成本偏高

从进口角度来看，在国际支付过程中，外贸型企业一般都会遵循"收硬付软"的货币支付规则，即选择预期贬值的货币作为付款货币，将预期升值的货币作为收款货币。例如，2015年之前，随着中国的持续快速发展，人民币面临着较大的升值压力。因此，外贸企业在进行商品进出口交易时，并不愿意将手中的人民币支付出去。2014年之前，美元一直表现出贬值态势，因此外贸企业在进行商品进出口交易时更愿意选择美元作为结算货币。另外，美元的走低态势，也使更多的外贸企业偏向于选择美元进行融资。例如，在2013年的进口押汇业务中，美元与人民币的半年期融资利率相差2%以上，即使将货币汇兑成本考虑在内，美元也具有明显的融资优势。

从出口角度来看，中国外贸企业及商业银行所制定的进出口票证单据在语言方面都是以中文和英文为主，而中亚国家的官方语言大多采用的是俄语。如果在中国与中亚国家的贸易往来中，采用人民币作为计价结算货币，尽管有利于中国企业和银行减少货币汇兑的损失及规避中亚国家货币汇率波动的风险，但同时外贸企业需要改变原有的结算流程以及全套票证单据等，无形中就增加了企业的成本。因此，在人民币作为计价结算货币并不能给企业和银行带来实质性的优惠和好处时，改变长期已经形成的贸易结算方式尚缺乏足够的动力。

三、中亚区域内的货币结构差异

从货币使用习惯的历史背景来看，在苏联解体后，中亚国家受俄罗斯旧版货币停止流通的影响，在严重通胀的背景下进行货币改革。由于苏联时期计划经济模式的产业分工使中亚国家的产业结构单一，缺乏完整的产业链，因此，中亚国家独立后经济发展困难，货币币值不稳定，进而使中亚国家的居民形成了持有美元和使用美元的习惯。中亚国家具有丰富的自然资源，经济发展长期依赖能源出口，具有相当充裕的美元储备，当地居民和企业进行国际结算时可以较为容易地使用美元。

对哈萨克斯坦的外债货币构成和外债来源进行对比，截至2015年6月底，在哈萨克斯坦的外债来源国中（见表4-1），来自中国的外债达到126.15亿美元，占哈萨克斯坦外债总量的7.86%，排名第四，仅次于荷兰、英国和美国；在哈萨克斯坦外债的货币构成中（见表4-2），人民币所占份额微乎其微，其主要货币为美元、欧元、日元、英镑和卢布等。由此可见，中国与中亚国家之间的贸易规模与投资规模存在相当大的差距。以2015年为例，中国与中亚五国之间仅有 -23.3亿美元的直接投资，却有326.2亿美元的进出口贸易额。

表4-1　哈萨克斯坦外债来源

国别	总量	主要组成部分				
（地区）	（百万美元）	国家（地区）	中央银行	商业银行	其他	公司间债务
总量	160444.0	12681.0	894.0	7659.0	53785.0	85425.0
荷兰	46475.7	2.3	—	36.5	1946.9	44490.0
英国	25735.4	5367.7	52.1	3845.0	13747.5	2713.2
美国	12757.1	—	0.6	83.8	1388.6	11284.1
中国	12615.1	—	55.2	2600.5	9133.7	825.8
法国	11582.8	—	—	4.1	710.0	10868.8
国际组织	10445.7	6482.7	771.8	108.3	3052.7	30.2
俄罗斯	8995.1	—	1.7	197.1	6522.0	2274.2
日本	5760.7	601.5	0.6	14.6	305.8	4838.2
中国香港	5491.2	—	—	—	4715.9	775.3
韩国	1356.8	—	—	288.7	1068.0	—
瑞士	1514.6	—	0.4	9.4	1107.0	397.8

数据来源：哈萨克斯坦中央银行网站。

表4-2　哈萨克斯坦外债币种

币种	总额	主要组成部分				
		国家（地区）	中央银行	商业银行	其他	公司间债务
总量	142724	12681	831	7252	42554	79407
美元	137146	12036	291	6143	40295	78381
欧元	2836	12	0	522	1569	732
日元	622	602	0	15	0	6
英镑	42	0	0	1	0	41
卢布	525	0	0	39	391	94
瑞士法郎	277	0	0	0	276	1
阿联酋迪拉姆	6	6	0	0	0	0
科威特第纳尔	7	7	0	0	0	0
沙特里亚尔	2	2	0	0	0	0
特别提款权	508	16	485	0	7	0
韩元	161	0	0	0	15	146
加拿大元	2	0	0	0	0	2
马来西亚林吉特	36	0	0	36		
人民币	56	0	55	1	0	0
捷克克朗	5	0	0	0	1	4
不确定	495	0	0	495	0	0

数据来源：哈萨克斯坦中央银行网站。

四、中亚区域内人民币使用的配套设施不完善

首先，从货币职能来看，人民币跨境贸易结算仍处于初期，人民币作为国际结算货币的流通、交换、储藏等货币职能的发挥仍不完善，无论是在结算比重还是流动性上，人民币的表现仍不充分。另外，中亚国家参与中国香港人民币离岸市场的程度较低，人民币的持有者很难在中国以外的国家使用和交易，投资保值和增值的需求也难以得到有效满足。

其次，从现钞使用限额来看，中国与中亚国家的贸易往来源于边境的旅购贸易，而边境旅购贸易的交易往往使用现钞进行。与美元现钞相比，目前中国实行的是2万元的人民币现钞出入境限额管理，不能满足在客商旅购贸易中对人民币现钞结算的需求，因而限制了人民币现钞跨境流动并参与贸易结算的程度。

再次，从货币互换协议来看，为促进人民币的跨境使用，中国已经和多数中亚国家签署了货币互换协议，并就在中亚国家推广人民币业务达成共识。但相应的人民币结算配套措施并没有出台，导致在具体政策的执行过程中，提供人民币结算服务的金融机构缺乏政策支持和业务经验，致使人民币在中亚国家的使用缺乏便利性。

最后，从人民币结算渠道来看，中国与中亚国家的银行机构间的人民币清算主要依靠的是同业往来账户。人民币结算的渠道较少，也在一定程度上制约了人民币在中亚国家使用的便利性，不利于推进跨境人民币业务。

第五章

主权货币区域化的国际实践

5

第一节　主权货币区域化的模式与路径

一、英镑国际化的模式与路径

英国于17世纪末建立了英格兰银行，这是世界上最早的银行。英格兰银行在成立初期，除了发挥各项金融职能外，已经具备中央银行的某些特征，如做政府的资金保障等。由此，英国也成为世界上最早开始发展金融业的国家。随着英国国家实力不断增强，经济迅速发展，英国的金融发展为银行业提供了很好的发展契机。进入19世纪以后，英国的金融业发展迅猛，在世界范围内处于遥遥领先的地位，很快就占据了欧洲和世界的金融中心位置。随着英国国际地位的确立，英国的货币英镑也受到追捧。在此基础上，英国确立了新的国际货币体系——金本位制。英镑地位的提升及其在世界各个国家中的信用程度高等特点，使得英镑成为各种贸易的主要结算货币，执行着世界货币的职能。

在工业化革命的优势及其机遇下，英国成为世界上第一个实现工业化的国家。工业化生产提高了英国产品的生产效率，英国的工业品开始源源不断地向外输出，在世界范围内拥有绝对优势，其对外贸易也得以进一步增长。随着英国工业生产效率的不断提高，英国很快在世界上成为工业生产大国，其工业品也开始大量地向外输出，进而英国也构建了一个以自身为中心的广泛的贸易网络。英国依靠本国强大的经济实力及霸权地位，开始在海外进行殖民扩张，并通过大量资本流出向外进行直接投资，获取高额利润。英国通过商品和资本的向外流动及国际霸权地位，首先在殖民地国家实现了英镑的储备货币职能，然后扩展到全世界。直到第一次世界大战之前，英镑一直作为国际货币而存在，在世界领域内充当着支付结算货币和储备货币。

从英镑国际化的发展模式来看，英镑成为国际化货币主要是依托英国在当时的国际政治经济格局中绝对的领导地位，而这种绝对领导地位的获得，依靠的是经济、贸易、金融等基础条件的建立和完善。

从使用范围路径来看，英国首先依靠其经济实力和霸权地位，使英镑首先在殖民地国家被作为结算货币和储备货币。随后，英国又依托自身经济优势等条件，确立国际金本位制度，改善了当时的国际货币体系，促使英镑在世界范围内的流通和使用，成为国际货币，取代黄金的地位。从货币职能路径来看，英镑的国际化主要有四大因素：一是殖民统治。英国强制殖民地国家将英镑作为发行货币的储备货币，使得英镑在其殖民地和附属国间流通。二是对外贸易。当时英国是世界上最大的贸易国家，国际贸易成为英镑走出国门的主要方式。三是金融市场。英国发达的金融市场，巩固了英镑的国际化地位。四是资本输出。伴随着英国经济、贸易的发展，英国的对外投资逐渐增加，导致大量资本输出，进而构建起了以英镑为核心的国际资金循环体系。

二、美元国际化的模式与路径

美元在国际经济、贸易和金融活动中普遍使用，成为当今世界的第一大货币，经历了一段相当漫长的历程。美国作为英国殖民地时期，一直将英镑作为流通和使用的货币。美国实行自己国家货币是南北战争之后实现的。此后，又通过工业技术革命建立了以垄断资本主义为特征的社会体系，开始走向世界。

美元的国际化历程可以概括为三个阶段：第一阶段：各发达经济体在经受第一次世界大战的严重冲击后。这一契机就给远离战场的美国提供了走向国际化的机会。通过军火生意，美国经济得以迅速发展，并积累了大量的黄金。在其他国家货币贬值时，美元仍与黄金保持稳定的兑换关系，受到了各国的青睐，逐渐形成了美元区。第二阶段：第二次世界大战爆发之后，美国通过向参战国提供军火物资，经济得到大跨越，快增长，美国迅速积累了大量的资本，奠定了基础，走向国际舞台，并在国际货币体系和关税及贸易总协定（GATT）的支撑下，美元最终成为国际货币。第三阶段：是美元的国际货币体系格局因"特里芬难题"和布雷顿森林体系的瓦解而被打破，逐步进入多元化货币体系时代。但美元依然依靠强大的经济实力和两次世界大战的战后成果，在国际货币体系中的地位得到巩固和发展，继续充当国际货币的"领头羊"，行使着交换媒介、价值尺度和价值储藏等货币职能。

从美元国际化的发展模式来看，美元国际化主要是依托其强大的国家实力以及两次世界大战爆发带来的重要契机，这些不可复制的推动因素使得美元最终成为国际货币。从使用范围路径来看，美元是直接发展成为国际货币的，并没有经历周边化和区域化的过程。美元是借助国际货币体系格局的变化，在强大的经济实力及霸权地位的基础上，在世界领域逐步发挥计价结算、储备等货币职能，最终成为国际货币。从货币职能路径来看，美元国际化主要是在世界范围内实现了基本的货币职能，一是计价结算；二是投资储备。首先，美国凭借其国际霸权地位及国内旺盛的生产能力，并在《关税及贸易总协定》的支撑下，大量美国产品流向国际市场，长期的贸易顺差，使得美国在国际市场中商品的计价结算的货币选择时具有较强的主动权。其次，美国纽约金融中心在世界占据重要的位置，因此，各国将资产投资于美国金融市场，发挥美元的投资货币职能，不仅有利于促进美国金融市场的加强，还有利于促进欧洲离岸美元市场形成。最后，美元的优势及背后强大的支撑，使得各国政府或私人纷纷将美元作为储备货币。

三、欧元产生的模式与路径

（一）欧元产生的模式与路径

欧元与其他国际货币的发展进程有所不同，欧元在诞生之时就已经在世界范围内作为国际货币而存在，并发挥国际货币职能。欧元作为国际区域性货币依靠的是区域内各国整体的经济发展水平。区域内一国经济发展水平较好，不能代表整个区域发展较好；但是一国经济发展遇到困难，整个区域都将会受到影响。因此，欧元的产生是不能依赖单一国家的经济发展的，同时也没有巨量的黄金作为货币后盾。欧元的国际化仅用了10年的时间，其完成的国际化进程，用时最短。

欧洲国家在经济发展趋同条件下，在中世纪就已经萌生出统一的思想，直到第二次世界大战以后才进入高潮。欧洲共同体在经历了欧洲煤钢共同体、欧洲共同市场、欧洲经济共同体与欧洲原子能共同体等一系列阶段之后正式成立。欧洲单一货币进程也由此展开。1971 年 3 月"维尔纳计划"的提出标志着欧洲开启单一货币进程的开端。但由于石油危机的爆发，该计划没有执行下去。直到八年之后的1979年，欧洲货币体系的成立主要是在德国和法国的倡导下得以实现的。1991年12月，欧共体在荷兰马斯特里赫特召开会议签署的《马斯特里赫特条约》成为欧洲经货联盟建设的里程碑，该条约正式提出建立欧洲货币联盟和引入单一货币即欧元的设想。1999年欧元启动，成为区域内单一货币，从2002年开始，欧元正式投入流通成为区内唯一合法货币，12个欧元成员国的货币从此退出历史舞台。

从欧元国际化的模式来看，欧元本身就具有充分的流通空间和经济贸易的客观条件，所以在短时间内能够替代既有货币成为区内唯一合法流通货币。而后欧元又凭借欧洲经济体在世界经济体系当中的重要位置，快速进入世界货币体系当中，成为多国的储备货币。从使用范围路径来看，欧元走的是先区域化再国际化之路，主要表现在：开始是先在欧洲区域内统一货币，发挥区域货币职能，然后以区域货币的身份走向国际市场，发挥国际货币的职能，成为国际货币。从货币职能路径来看，自1999年欧元启动后，欧盟通过采取相应措施促使欧元在国际市场中发挥相应地货币职能以加快欧元国际化的步伐，主要表现在：一是继续发挥欧元在国际市场中的计价结算职能；二是增强国际投资中欧元的使用程度；三是稳步提升欧元在储备货币中的地位。

（二）欧元的发展趋势

从经济实力来看，欧元区的强势是不可否认的。尽管欧元区的人口总数只占世界人口的7%左右，但是欧元区强大的经济实力在整个世界经济份额的比重达四分之一。而欧元自启动以来，经历了起起落落，其货币汇率走势基本是一路下滑，处于小幅震荡的地位，从未摆脱颓势超出正常位置。其主要原因可能源自欧元区国家经济发展的差异性。历史经验表明，货币一体化的推进在未实现政治一体化之前是很难成功的。欧元区成立时的趋同标准是为了缩小区内经济发展的差异，而这只是表现在数据中，在实际经济生活中差异是无法消除的，固而成为一个不稳定性的因素。

近年来欧元区面临着乌克兰危机、主权债务危机、低经济增长、难民危机、恐怖袭击、英国脱欧等难题，陷入穷于应付的困境。而这些难题不仅使欧盟过去10年在增长和就业方面取得的成果付诸东流，也暴露了欧盟经济发展中的根本弱点和不可持续性。乌克兰危机继续深陷僵持状态，随时可能爆发冲突乃至战争。主权债务危机的持续发酵和低经济增长，使得欧洲经济复苏的步伐放缓及欧元继续处于颓势。难民危机触发了欧盟的结构性矛盾，引爆了欧盟成员国的社会动荡和政治乱局。一波又一波的恐怖袭击，给欧洲的安全形势带来了更严峻的挑战。英国脱欧则进一步撕裂欧洲，构成对欧盟的关键挑战。欧元区进入了一个较长的不确定时期，多重危机叠加、权力结构重组、再国家化冲击一体化等诸多难题的解决尚需时日。

欧元区除了面临着内部困难之外，还不得不承受着来自多方面的压力，这其中既包括来自欧元区国家、申根区国家的诉求，也包括来自跨大西洋伙伴关系以及世界其他经济政治行为体对未来欧盟行动能力的质疑。然而，纵观欧洲一体化的发展历史，每一次危机在带来挑战的同时也不失为推动一体化深入发展的宝贵契机。欧元区也在积极探索发展合作伙伴的新模式，着力要成为一个"可靠的""灵活积极的"和"成熟的"联盟，提高联盟内部政策的有效性和连贯性。

四、日元国际化的模式与路径

日元的国际化主要依靠的是其在第二次世界大战战败后的高速发展经济和贸易来推动的。而后日本经济增长速度开始放缓，在国内经济仍有许多问题需要解决的背景下，日元国际化出现倒退。从这个结果来看，日元的国际化是一个失败的案例。日元国际化进程主要分为三个阶段：一是20世纪50—60年代，日本作为第二次世界大战的战败国，其经济的发展只能主要依靠二战前的工业技术和基础。朝鲜战争给日本的经济发展带来高速增长的契机，日本通过向美国提供战略物资获取高额利润，一度发展成为世界第二大经济体；二是20世纪70年代，随着国际货币制度的变迁，日本通过经济、贸易、金融的大力发展，加快了推进日元国际化的步伐；三是20世纪90年代，日本的经济泡沫破灭，开始经历经济衰退期，再加上金融危机的爆发，日本经济遭受重创，日元国际化进程也以失败而告终。

从日元国际化的模式来看，日元国际化受客观演进、外部压力和主观动机等内外部因素的影响比较明显，因此，日元的国际化之路选择的是一种激进型的发展模式。从使用范围路径来看，日元国际化进程的推进主要是通过改革贸易、金融领域和通过加强贸易、金融自由化促使日元在国际市场中发挥国际货币职能，被国际社会所接受和使用。而事实证明，日本并不完全具备货币国际化的基础条件，在这种背景下推进货币国际化的结果必然是失败的。而日本也不得不倒退回亚洲区域发展。从货币职能路径来看，日本首先是从政府政策推动角度促使日元在国际交易中成为结算货币，然后又通过放开资本项目管制和金融管制，大力发展离岸市场，促使日元在国际市场中发挥计价、投资等职能。日元虽经过政府的努力实现了货币职能在国际市场中的发挥，但其结算、储备职能和计价、投资职能却发展得不平衡，也直接影响了日元国际化的进程。

第二节　人民币中亚区域化模式的国际经验借鉴

一、国际实践比较

（一）特性

通过对四种国际货币的实践分析，可以发现，这四种货币的国际化、区域化的模式与路径不一样，主要是由于这些国家推进货币国际化时所处的环境和时代不同而导致的。但不管选择什么样的模式和路径，这些国家的货币都曾经或者现在仍然作为国际货币而存在。

英国作为世界最早发展金融业及工业化的国家，英镑依托英国在国际政治经济格局中的领导地位及经济、贸易、金融等方面的有利条件，促使英镑在英国的殖民地国家以及全世界范围流通和使用。

美元国际化是一个特殊的案例，美元的国际化具有不可复制的特点。主要原因是，美元国际化虽然是以自然演进为基础的，但美元发展时期的国际背景具有特殊性。美元依靠强大的经济实力和两次世界大战的战后成果，为美元在国际货币体系中的地位的巩固和发展提供了有力保障。美元在国际市场中继续充当国际货币的"领头羊"，行使着交换媒介、价值尺度和价值储藏等货币职能。

欧元是具有代表性的区域性货币，欧元的产生是在欧洲区域内具有相似经济发展情况的国家间形成货币合作联盟，并实行统一货币的过程。欧元的产生具有区域性经济政治实体的特殊背景，对区域经济、政治和文化的统一性具有较高要求。

日本作为一个先行的工业化国家，伴随着其经济的高速增长，日元国际化与其国家各领域"自由化"改革过程同步发展。发展本国经济、实现政策稳定、调整贸易顺差、进行结构性改革、推进金融深化改革与发展等政策措施的实施，市场和政府起到了双重推动的作用。

（二）共性

通过对四种国际货币的实践分析，还可以发现，尽管这四种货币成为国际货币时所选择的模式与路径不同，但在发展过程中所具有的基础性条件有一定的相似性，主要表现在以下几个方面。

1. 强大的经济实力

从当前国际形势来看，一国货币的话语权取决于该国在国际市场中的地位，而该国在国际市场中的地位又取决于该国的经济实力。由此可见，强大的经济实力是一国货币区域化实现的基础。在国际货币实践中，英镑、美元、日元、欧元都是如此。

2. 发达的金融市场

一国货币区域化发展程度的衡量标准是该国货币的货币职能的发挥程度，而该国货币的职能发挥完全是在金融市场当中体现的。因此，发达的金融市场为货币区域化进程提供强有力的支撑。英镑和美元都是依托各自的国际金融中心地位而得以发展的，欧元发展是欧洲金融一体化发展的重要组成部分，日元的国际化也离不开其金融市场的完善。

3. 庞大的资金流动

一国货币区域化在没有庞大的资金流动规模的前提下是很难实现的。货币区域化实现的实质，是该国货币在区域内实现货币职能的发挥，而这个前提必须是该国货币能够自由进出国境，并且区域内被接受和使用。如果该国货币在区域内供应不足，那么就会影响到区域内使用该国货币的积极性，进而影响货币区域化的进程。一个具有庞大资金流动规模的国家，必然会表现为一个出口大国，或者投资大国，或者债权大国。英镑、美元和日元的国际化过程亦是如此。

4. 稳定的货币币值

毋庸置疑，一国货币被世界区域内其他国家所接受和使用的前提，是这些国家对该国及货币有良好的信心，而这种信心就来自于该国货币表现出稳定的价值。同时，稳定的货币币值也离不开该国经济实力、金融体系等的影响。

二、国际实践借鉴

英镑和美元国际化模式与路径的经验表明，在经济全球化、贸易一体化的背景下，要实现主权货币的一体化，该国家必须要具备足够强大的经济、金融、贸易、技术等实力。而中国虽然在经济、贸易上得到高速发展，但在金融、技术等领域的发展还较为滞后，因此，人民币还不具备英镑和美元的国际化的基础条件，上述国际实践的经验对人民币的借鉴性较低。但通过对英镑和美元国际化的研究，可以发现，除了经济实力的增强，还应该注重金融、技术等的发展，才能助推人民币区域化。

区域性货币欧元产生的模式与路径，为人民币的区域化模式的选择提供了参考。尽管中亚国家与欧洲国家的发展水平不同，但中国可以参照欧盟区域化的模式，通过实现区域性的货币合作，充分利用中国在中亚国家的地缘优势和经济实力优势，在中亚国家发挥人民币的货币职能，来推进人民币在中亚国家的区域化进程。

日元国际化模式与路径的经验教训表明，货币国际化模式选择的重要影响因素不仅包括强大的经济、政治实力，还包括完善的金融市场和开放的资本项目。资本项目的开放犹如一把"双刃剑"，既能获取收益又要面临相应的风险。

对大多数发展中国家而言，在不具备健全的市场机制，以及政府不具有足够的经验来管理宏观经济和保持稳定的经济发展的基础时，在短时间内推进资本项目的开放具有极大的难度。因此，中国在推进资本项目开放时，应该采取审慎的态度，循序渐进，吸取日元国际化的教训，以减少由人民币区域化进程与中国金融体系发展水平不匹配所带来的消极影响。

第六章

人民币中亚区域化模式的优化选择

6

第一节 货币区域化的主要模式

一、货币区域化的主要模式

通过第五章对货币区域化模式选择的国际实践经验总结和比较，可以将英镑、美元、欧元、日元的国际经验归纳出三种主要的货币区域化的模式：强势货币模式、区域联合货币模式和激进型货币模式。

（一）强势货币模式

通过对英镑、美元国际化进程的分析，可以清楚地发现，其国际化的过程都是建立在强大的经济实力、发达的金融市场、频繁的贸易往来等基础之上的。因此，可以将这种依托强大的经济实力、发达的金融市场、频繁的贸易往来等条件发展成为国际货币，并在国际货币体系中获得核心地位的模式称为强势货币模式。若某国货币想通过英镑、美元这种强势货币模式实现货币的国际化，就必须满足以下条件：一是具有强大的经济实力，在当时的国际政治经济中处于绝对领导的地位；二是拥有广阔的贸易网络，在世界国际贸易份额中占据绝对优势；三是拥有发达的金融市场和完善的金融监管体系，为该国货币的可信度和被接受度提供条件。

强势货币模式的实现可以归纳为五步。第一步，实现本国货币的自由兑换，通过建立稳定的银行体系，维持本国货币币值稳定，来提高本国货币在其他国家的使用和被接受程度。第二步，为本国货币输出提供渠道，通过构建广阔的贸易网络促使本币作为国际贸易往来的计价结算货币，为本币的向外输出提供渠道。第三步，为本国货币回流提供渠道，通过建立和完善金融市场的规模和管理机制，并扩大金融离岸中心的建设，为输出的本币提供回流机制保障，进而促使更多地本币向外输出。第四步，拓宽本币在其他国家的货币职能的发挥，加大本币职能从贸易领域到金融领域的过渡。即本币除了发挥计价结算职能外，还应实现投资货币、储备货币和干预货币的职能，成为真正意义的国际货币。第五步，将本币纳入国际货币体系的核心，使之成为世界上的国际储备货币。

所述综上，一国要想通过强势货币模式实现货币国际化，那么该国必须是具有世界经济霸主地位的国家。既是在经济总量上具有世界主导地位的经济大国，又是能够在经贸、金融领域中具有广泛影响力和绝对话语权的经济强国。要抓住世界政治经济格局变幻中难得的历史机遇，才得以实现以本币为核心的国际货币体系的建立。但在今天这样世界政治经济多元化的背景下，强势货币模式的实施已经不具备可行性，因为这不仅不利于世界经济的平衡发展，还会在采用该模式推行本币国际化的进程中，招致强势经济体的极力阻挠与反对。

（二）区域联合模式

通过欧元国际化进程的分析，可以发现欧元的产生为我们展现出了一个全新的货币国际化视角，打破了通过强化自身货币来实现国际货币形成的传统模式，而是建立在某个区域内的货币联合，并要求在此区域内国家间具有相近的文化背景、相似的政治体制、趋同的经济发展水平和结构等条件的基础上，推行区域内统一货币而实现货币的国际化。因此，可以将这种具有相近的文化背景、相似的政治体制、趋同的经济发展水平和结构等条件的国家形成一个货币区域，并通过让渡区域内国际货币主权、凭借区域内原国际货币的实力等实现货币国际化的模式被称为区域联合模式。

区域联合模式的实行，要求区域内国家在政治、经济政策等方面具有高度融合的协调统一，由逐步实现统一关税及贸易政策过渡到区域内的贸易自由化，再过渡到区域内的市场统一和经济一体化，继而过渡到建立超越国家主权的区域货币体系，最后组建区域中央银行取代各成员国原有本币而发行区域统一货币，实现区域货币国际化。区域联合模式的实现虽然只是在区域内统一货币，但实质是融合了区域内原有的国际货币形成了统一货币，其本质已经是一种国际货币，而且使得区域内原有货币势力得到扩充和强化。

区域联合模式的实施，在一定程度上也存在缺点。由于区域联合模式实行的是区域内统一货币的制度，这就要求区域内各国放弃本国货币主权，进而丧失利用货币政策对本国经济进行调节的权利，而区域内各国的经济发展水平存在差异性，统一的货币政策的执行效果就会出现参差不齐。其中，区域内经济规模较小的国家更愿意选择加入统一货币区，而规模较大的国家则会考虑加入统一货币区放弃本币主权的收益成本，只有当政策调节的成本小于加入货币区的收益时，才会选择区域联合模式实现货币国际化。

（三）激进型模式

通过分析日元国际化的历史经验，可以发现，日元国际化是建立在具有一定的国家经济实力基础上，政府通过积极主动地推动货币国际化以期望巩固和加强自身基础实力，并获得国际影响力的一种过程。这种在不具备相应的基础条件下推进的货币国际化的显著特点是"激进"，例如，国内经济发展仍存在许多需要解决的问题等。我们称这种货币国际化模式为激进型模式。

激进型模式的实现，主要依靠的是国家强行推进，而这种强行推进可能会产生两种结果：一是成功实现货币国际化，帮助该国解决国内经济发展过程中亟需解决的问题，发展成为主要国际货币。二是留下后遗症，产生更多经济问题，经济发展前景堪忧。即使该国货币成为主要国际货币，但因强行推进货币国际化而产生的接连不断且难以解决的困境，阻碍其货币国际化的进程。

因此，激进型模式的实行存在很大的缺陷，不仅会在强行推进货币国际化的过程中受到外部经济环境的制约及其他强势经济体的阻碍，而且在货币职能的发挥方面会比较片面。在实行激进型模式推进货币国际化的国家，随着贸易规模的不断扩大，其货币在没有完全实现计价结算职能时，持续的贸易顺差会促使该国的外汇储备急速增长，进而加大该国货币升值的压力。因此，其他国家对该货币的持有意愿也将增强，产生资本净流出，大大削弱了该国货币在国际贸易中作为载体货币的职能。同时，该国货币价值储备的职能更加突出，不利于该国货币国际化职能的全面发挥。总的来说，在激进型模式中占据重要地位的是国家政府的主观动机，推进国际化进程比较仓促，在后期为解决遗留问题则需要付出更大的成本。

综上所述，这三种货币区域化模式将为其他国家或地区在推进货币区域化进程时提供经验、教训及借鉴。随着世界政治经济的发展及格局的变化，其他国家在推进货币区域化进程时可能会选择一种新的模式，也可能是在原有模式基础上进行延伸与组合。总之，各个国家在推进货币区域化进程时所选择的模式一定要考虑自身发展情况，选择一种与自身经济发展相匹配、真正适合本国情况和特点的模式。

二、货币区域化模式借鉴

（一）强势货币模式

通过对强势货币模式的分析，可以清楚地知道，强势货币模式的代表货币为美元、英镑等，美元、英镑在货币国际化的进程中，除了依靠着自身国家的强大经济、金融、贸易等基础实力，还与当时所处的国际环境有着密不可分的关系。除了依托强大的经济实力、发达的金融市场、频繁的贸易往来等条件外，英镑是在工业化革命和金融优先发展的机遇中成为国际货币，并在世界国际货币体系中占据主导地位的；美元则是依靠两次世界大战等机遇一举成为世界主导货币。

强势货币模式若想继续沿用，则不仅需要具备强大的经济、贸易、金融等基础条件，还需具有类似于英镑、美元的机遇，而英镑和美元所逢时机或机遇只适应于当时的国际经济环境。在当今世界政治经济格局中，世界上各个国家和地区之间形成了一种既相互联系又相互矛盾的经济体系，以和平发展为目标的世界多元化和经济全球化的发展趋势日益明显。因此，类似于英镑、美元的机遇在当今世界政治经济格局中不复存在，强势货币模式的实施条件也已经不具备，若强行采取这种模式，不仅不利于世界经济的平衡发展，还会在采用该模式推行本币国际化的进程中招致强势经济体的极力阻挠与反对。

就中国而言，中国经济发展仍存在许多缺陷，不符合强势货币模式的基础条件。另外，由于中国与中亚国家经济发展水平上存在较大差距，中国若想在该区域依托自身国家实力强行推进和加强货币地位，势必会引起中亚国家的防范，不利于中国与中亚国家合作。

人民币参考强势货币模式并非要求人民币沿用英镑和美元的国际化模式，而是要借鉴英镑和美元实现国际化进程时的基础条件，即朝着增强经济实力、拓宽贸易网络、发展金融市场、加强金融监管等目标，提升中国在中亚国家间的政治经济地位，提高中国在中亚国家的政治经济影响力，增加人民币在中国与中亚国家国际经济贸易交易中的话语权。

（二）区域联合模式

采用区域联合模式的欧元之所以能够形成，主要是得益于区域内各国家相近的文化背景、相似的政治体制、趋同的经济发展水平和结构等条件。在经济政治高度融合统一的前提下，从贸易统一到市场统一，到经济一体化，再到货币统一。尽管欧元在实现区域化的进程中已经完成了经济一体化，但政治一体化并没有完全实现，而在区域内政策的不一致将会影响区域整体的发展水平，使得欧元面临许多现实挑战。近年来，欧盟遭遇了一系列空前严重的危机，使得欧盟成员国之间的矛盾日益加剧。例如，2009年主权债务危机的爆发直击欧元生存底线，2014年乌克兰危机爆发引发的欧俄关系停滞等。尤其是在英国脱欧事件发生之后，欧盟的一体化路径遭受重创，区域内部经济力量失衡，未来的发展方向有待进一步探究。同时，英国也成为历史上第一个退出一体化联盟的国家。这不仅表明国家经济一体化具有可逆性，也暴露了国家区域间进行一体化联盟模式可能存在更加深层次的问题。

对于中国与中亚国家而言，并不具备像欧盟国家间所拥有的一体化的基础条件。中国和中亚国家之间经济发展水平差异较大，存在着明显不同的政治、经济、文化背景。本书第三章曾对人民币中亚区域化的最优货币区（OCA）指数进行了实证分析，结果表明目前中国与中亚国家还不具备形成统一最优货币区的条件。无论从经济角度还是政治角度，中国与中亚国家都不具有一致性，贸然将这些国家的货币进行整合也极其不现实。因此，区域联合模式对中国来说，在理论上与现实中都是不可行的。

人民币可以借鉴区域联合模式的内容，主要体现在区域合作的角度。即继续加强深化中国与中亚国家的经济金融合作，借助跨境贸易人民币结算试点的推进，提升人民币在中国与中亚国家贸易往来中的话语权，增加人民币作为计价结算货币的使用频率和交易效率。然后在巩固现有基础上，逐渐实现人民币在贸易领域向金融领域过渡，推动人民币在中亚国家中发挥货币职能，促使人民币最终成为区域内的关键货币。

（三）激进型模式

日元是采用激进型模式进行货币国际化的典型代表，日元在经济贸易发展迅速且并不具备完善的基础条件时，贸然选择推进货币国际化，以求带动日本国内经济进一步地发展。但事实却是该货币国际化的举措不但没有带动经济发展，解决经济问题，反而使得经济问题更加严重，甚至产生新的难以解决的问题，表现出重重弊端，最后以失败告终。

日本的经验教训给中国敲响了警钟。中国与日本在国家经济发展条件上具有一定的相似性。例如，当前作为世界第二大经济体、第一大贸易国的中国，在经济、产业结构与人均可支配收入和习惯等方面，与20世纪70—80年代的日本经济形势类似；中日两国所处的国际环境与地位，巨额的国际收支顺差、货币升值期望、在亚洲地区的经济金融辐射效力等相似。

对中国而言，中国的经济结构与日本同期水平相比较还存在一定的差距，中国贸易仍处于世界产业链的低端，还没有建立带有高科技元素的工业体系。虽然中国近年来经济贸易发展迅速，成为世界第一大贸易国，但远不及20世纪70—80年代日本贸易强国的地位。在目前这样的具有许多缺点和并不完善的经济基础条件下，强行推进人民币的区域化，与日本相比，其后果可能更为严重，更加容易扩大货币逆转风险。

日元采用的激进型模式突出了政府在货币区域化进程中的核心作用。而人民币在中亚区域化的进程中也应该注重政府的作用，加强政府的主动性及有步骤地稳步推进。首先，通过深化中国与中亚国家的经贸合作，改善贸易结构与方式，为人民币对外输出提供相应基础。其次，加快建立人民币离岸金融中心，发展境外人民币债券市场，打通人民币回流渠道。最后，为实现人民币自由兑换创造条件，即加快汇率形成机制的改革，完善金融体系，开放金融市场等。通过提升我国服务贸易与金融投资的能力，促使人民币在更大的范围内发挥更全面的国际货币职能。

综上所述，中国必须正确面对的一个问题，就是采用什么样的模式推进人民币中亚区域化，如若宏观指导出现偏差，则再好的微观设计也是枉然。本节的研究认为，人民币中亚区域化的模式应该根据当前的国内外政治经济形势的变化，寻求一种适合中国国情的特殊模式如图6-1所示。

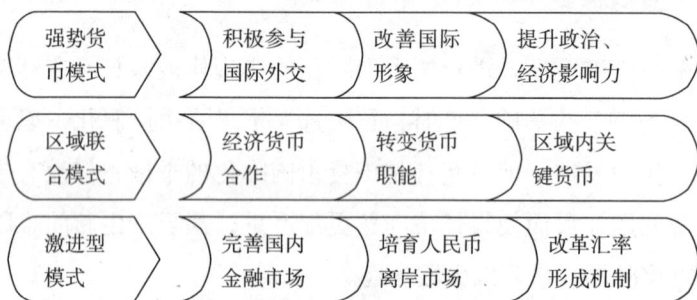

强势货币模式	积极参与国际外交	改善国际形象	提升政治、经济影响力
区域联合模式	经济货币合作	转变货币职能	区域内关键货币
激进型模式	完善国内金融市场	培育人民币离岸市场	改革汇率形成机制

图6-1　人民币中亚区域化模式借鉴

第二节　人民币中亚区域化模式的优化选择

一、人民币中亚区域化模式的优化选择概述

通过上文分析，期望人民币效仿英镑、美元国际化模式，是不现实的。在当前的国际政治经济格局背景下，推行强势货币模式是不可能实现的。中国与中亚国家间，也不具备欧元区相近的文化背景、相似的政治体制、趋同的经济发展水平和结构等条件，采用区域联合模式也是不现实的。日元激进型模式的失败经验告诫我国贸然强行推进货币国际化，必然会面临诸多问题。中国与中亚国家的经济发展水平不平衡、文化差异大，建立最优货币区的条件并不成熟，因此，中国应该通过深化区域内的金融货币合作以推动人民币发展成为区域内的关键货币，发挥国际货币职能。

人民币中亚区域化首先应该从三种货币区域化模式中寻求支撑，然后衍生出一种独有的适合中国自身特色的模式。即在借鉴强势货币模式中经济、贸易、金融等强大的基础条件，区域联合模式中各国间的经济、贸易的深入合作，激进模式中政府的指导作用等的基础上，构建以市场选择为主、政府推进为辅的层次渐进式的次区域化模式。

二、人民币中亚区域化模式优化的具体思路

在人民币中亚区域化的进程中，中国要不断地强化本国经济实力，努力培育和创造条件，积极深化中国与中亚国家的经济金融合作，耐心等待和寻找机遇，在实力、条件和机遇不完全具备时，吸取日本的经验教训，切勿急于求成、盲目冒进，而要稳扎稳打、步步为营。在货币职能的发挥上，也应该是由价值尺度、交易媒介等部分职能逐步延伸到投融资以及储备等全面的国际货币职能。

从人民币中亚区域化的空间角度出发，由区域经济学地缘优势原理可知，人民币区域化的实现，首先应该实现人民币在一些有条件的次区域范围内的使用和发展，然后在此基础上逐步增加参与国的范围，依次向外拓展，最后延伸至周边大多数国家。人民币中亚区域化也应遵循区域经济学地缘优势原理，首先在中亚国家中选择具有代表性的、有条件的国家作为实践先导，然后将其成功的经验复制应用到其他国家，最终实现人民币的中亚区域化。

层次渐进式不仅强调人民币中亚国家的货币职能的逐步发挥，而且还强调人民币在代表性国家与其他国家的区域化应同时进行，只不过在推进过程中，以代表性国家为主，其他国家为辅，代表性国家的先行之路可以为其他国家提供参考。

市场选择为主，是要抛开特殊的安排和机遇的把握，而更多的是根据市场发展的需求自发选择和形成。由于中国与中亚国家在经济发展水平上存在较大的差异性，中国作为区域强国，如果通过本国实力刻意安排或推进人民币在中亚国家的区域化，势必会引起中亚国家的防范，不利于维护中国与中亚国家间的战略伙伴关系。

政府应根据市场的选择结果提供相应的支持辅助作用，为推进人民币区域化的进程提供相应的基础与保障，并及时修正相关问题。自中国与中亚国家发生频繁的贸易往来以来，中国就在不断地推进跨境贸易人民币结算以规避相关

风险，但仍成效不高。在推进人民币中亚区域化的进程中必定存在许多困难，而单纯依靠市场的选择，势必会影响到人民币区域化的步伐和信心。因此，在避免刻意安排等行为的基础上，可以加强政府的引导作用，积极为人民币区域化所面临的困境提供政策支持，保障人民币区域化的有效推进。

第七章

人民币中亚区域化的路径设计

7

第一节　人民币中亚区域化路径设计的基本原则

通过货币区域化的国际实践经验表明，货币区域化具有双重效应，是一把"双刃剑"，其收益与风险是并存的。一个国家在货币区域化进程中如何能够获得收益同时有效规避风险，是货币区域化路径设计需要考虑的重要问题。推进人民币中亚区域化的模式建议采用的市场选择为主，政府推进为辅的层次渐进式的次区域化模式，因此，应该持有审慎的态度来对待人民币中亚区域化进程的实现，同时还要考虑国内外制度环境及风险对推进人民币中亚区域化的影响。

一、系统性原则

人民币中亚区域化战略是一个系统性工程，涉及国家经济实力、国际贸易与投资、金融市场的发展、货币币值的稳定程度等多种因素影响。因此，人民币中亚区域化战略的实施。必须考虑多方面的影响因素，注重遵循和贯彻系统性与全面性原则。

二、渐进性原则

通过总结货币区域化国际实践经验，我们发现，货币区域化是一个较为漫长的进程，不是凭借主观意愿一蹴而就的，而是需要经历数十年，甚至上百年漫长的努力才能获得国际社会的认可。因此，中国应该从实际国情出发，制定人民币中亚区域化的长期发展战略，合理划分阶段，按部就班，逐步推进，坚持由低级到高级的渐进性发展原则。

三、协调性原则

日元的国际化实践经验表明，人民币中亚区域化进程的推进，必须与其国家的经济实力、金融市场的发达程度等条件相适应，不宜在基础条件不完善时贸然推进，以致产生更多的发展问题增加国家成本。

四、实力和机遇并重原则

英镑、美元的国际化实践经验告诉我们，实现货币区域化的重要条件包括国家经济实力、金融市场的发达程度、国际贸易与投资、货币币值稳定性等，但是机遇的把握同样重要。因此，在人民币中亚区域化发展过程中，我国除了要集中精力不间断地强化本国的基础实力，努力培育和创造条件，更要耐心等待和寻找机遇，争取以跨越式发展实现人民币的中亚区域化。

第二节　人民币中亚区域化路径设计的目标及规划

上文的分析告诉我们，人民币中亚区域化要采用以市场选择为主，政府推动为辅的次区域模式来推进。人民币中亚区域化的实现不但有利于降低金融风险，而且能够促使区域内各国获得相应的收益。因此，中国应该从实际国情出发，制定人民币中亚区域化的长期发展战略，合理划分阶段，明确各阶段内容，分步骤、分阶段地实施战略，确定此战略所需要的制度条件和政策组合，科学设计、严密组织、措施完善、步骤稳妥地推进人民币中亚区域化进程。

一、职能路径的目标及规划

从货币职能角度出发，货币区域化实质上是促使货币在区域内实现计价结算货币、投资货币、储备货币的过程。因此，本书将实现人民币中亚区域化的进程划分为三个阶段目标：第一阶段目标是实现人民币在中国与中亚国家经济交易中被用作计价结算货币；第二阶段目标是促使人民币逐步成为中亚金融市场上借贷、投融资货币；第三阶段目标是随着人民币中亚区域化程度的不断加深，人民币逐渐成为中亚各国政府、央行及私人持有的储备货币。需要注意的是，人民币中亚区域化并不能以实现人民币成为中亚国家的主导货币为最终目的。

（一）计价结算货币阶段

人民币在中亚国家的流通，最早是通过边境贸易和旅游消费带动的，而人民币的跨境流通也为边境贸易和人员流动提供了便利，并减少了交易成本。由于人民币在中亚国家流通数量在我国货币供应量中的占比较小，所以，在对中国宏观经济影响方面表现得较为微弱，而在这一过程中我国表现出明显的收益和较低的成本。随着我国与中亚国家经贸往来日益密切，人民币可能会被作为计价结算货币而存在，进而扩大和增加在中亚国家境内流通的人民币规模及对人民币的需求。

现阶段人民币中亚区域化的实施重点内容应该包括以下几个方面：

1. 把"地摊银行"纳入官方监测范畴

随着中国与中亚国家经贸往来的加深，人民币在中亚国家的跨境流通也得到快速发展。但通过人民币在中亚五国的流通现状分析得知，在中亚国家中人民币的流通大多是在民间，地下经济较多。而在这个环境中人民币的跨境流通会产生较大的风险，不利于国家的管理，也不易激发人民币跨境流通的积极性。因此，将人民币的境外流通纳入官方监测范畴，不但有利于官方监测和掌控人民币境外流动规模及方向等重要信息，及时应对各种风险，而且有利于提高人民币跨境流通的信用度，进而带动人民币跨境流通业务广泛而深入的发展。

2. 加强对人民币境外流通的综合管理

人民币中亚区域化进程的发展不是单纯依靠银行就能实现的，其需要很多部门之间的协调与配合，如海关、税务、外汇、外交等部门的通力合作。同时，人民币中亚区域化进程还需要相应的政策协议做支撑，需要积极与中亚国家签署人民币跨境流通的有效合作协议，在中亚国家积极开办人民币业务，以带动人民币跨境流通的深入发展。

3. 加强政府协商，建立本币结算平台

人民币中亚区域化地推进受到政府的大力支持，并且在"丝绸之路经济带"建设的有利背景下，人民币跨境流通仍存在很多制约因素，影响人民币的跨境使用，贸易投资企业也没有从本币结算中获得便利和收益。例如，在中亚国家间实行的本币结算也是通过美元才能全部完成，这制约了人民币在中亚国家真正实现有效的跨境流通，无法使人民币发挥其实质作用。为真正有效地解决贸易投资企业的便利性及结算风险问题，可以通过双方中央银行的协调合作，规划出一个特定区域，设立货币合作区，依托贸易投资实现双方货币的真正意义上的跨境共同流通。目前，中国与哈萨克斯坦协商建立的中哈霍尔果斯国际边境合作中心就是这样的一个区域，而这个区域建设和发展相对比较缓慢。因此，应该从政策力度上继续更有力地推进，以促进人民币实现区域化。

4. 加强政府协商，允许中资企业将人民币投资到境外

人民币跨境投资的实现离不开双方国家的政策支持和协调，而人民币跨境投资也将促进和带动人民币在境外的流动性。目前，人民币在资本项目下还受到管制，无法进行国内外的自由兑换，因而，限制了中资企业的人民币对外投资行为。同时，国外针对外资企业投资的审批程序比较复杂，中国应加强与中亚国家政府间的沟通和协商，提供优惠的外资投资政策和制定便利的审批程序，以鼓励中资企业进入中亚国家进行人民币直接投资。目前《境外直接投资人民币结算试点管理办法》的出台表明了中国已经在为人民币跨境投资积极出台相应的鼓励政策。

5. 保持人民币汇率稳定

货币币值稳定是货币区域化的重要影响因素。人民币汇率的异常波动会直接影响经济贸易主体的利益，不利于其作出长期的经济决策，也不利于扩大对外贸易规模。因此，现阶段稳定的人民币汇率显得更为重要。稳定人民币汇率包含很多层次，中国可以根据经贸往来的特点首先选择综合稳定性作为近期维护货币稳定的目标。

（二）投融资货币阶段

当人民币作为计价结算货币持续发展时，人民币境外累积量也会随之增加，因此，这就加大了境外对人民币投资使用渠道的需求。境外人民币离岸市场的建设需要有国内发达金融市场与之相匹配，所以说，加快发展我国的金融市场及加强对人民币离岸市场的监管势在必行。

首先，在国内金融市场的建设方面，只有更加完善的金融市场才能够维持人民币国内外利率发展水平的一致性，降低人民币的投机套利风险。加强国内金融市场的建设不但有利于增强国内金融市场化解金融风险的能力，而且为人民币开展离岸货币业务提供了安全保障。其次，在中国与中亚国家金融合作深入发展时，合作内容和合作目标更为确定，因此，人民币离岸市场交易的风险管理就显得尤为重要。各国都希望能够在遭受外部冲击时，可以通过自身完善机制的充分利用来有效地采取应对行为。这也就要求中国在推进人民币中亚区域化的进程时，要与其具备的基础条件相适应，以免造成更严重问题。

随着人民币在非居民手中持有数量的不断增加，为了保持和促进这种态势，中国就要在人民币资产投资上为这些非居民的人民币持有者提供渠道。当人民币在境外形成规模时，人民币可能就会被作为投资货币而存在，成为企业和居民进行投资组合的一部分。为了投资收益和降低风险的需要，投资者对投资资产的组合模式提出了更高的要求，而这会加大这些投资者将境外人民币在中国资本市场中投资金融资产的可能性。因此，为了更好地提高和促进非居民对人民币持有的意愿，以人民币为主体的区域金融市场的建设就显得更加重要了。在这个过程中，中国资本项目开放及人民币可自由兑换的步伐也会因为人民币的跨境流通而加快。对于资本项目开放的步伐应该采用逐步的、循序渐进式的方法，可以先通过更高层次地加强资本项目的管理，提高资本管制效率的形式对资本项目实行部分开放。

（三）储备货币阶段

人民币中亚区域化的储备货币阶段，是人民币中亚区域化的高级阶段，是实现人民币在中亚国家发挥价值储备职能的过程，即人民币成为中亚区域内的关键货币，实现人民币的区域化。当人民币逐步实现在中亚国家发挥计价结算和投资的货币职能之后，人民币将在中亚国家的官方和私人部门发挥储备货币的职能。当人民币能够在中亚国家作为储备资产而存在时，就体现了人民币在民间和官方的较强的支付能力。这样，就为中国提供了更大的政策选择空间，但也意味着中国在中亚国家稳定经济金融发展时承担更大的责任和义务。随着中国金融市场的开放以及中国与中亚国家的经济金融合作的深化，人民币将成为中亚国家的关键货币，发挥中亚的货币职能。因此，人民币会在关键时刻承担最后贷款人的角色。而同时，中国在中亚国家的影响力会逐渐扩大，将具有更多的发言权。

一个国家的物质生产力是人民币推进区域化的最根本的动力，也就是说该国在国际分工网络中的地位取决于其物质生产力的高低。中国经济经历了30多年的高速增长，无论是在经济规模总量上还是在人均财富上，都具有明显的增长趋势。同时，中国的对外贸易也得到了较快发展，开始在世界贸易中占据重要位置。但与经济发展水平不相匹配的是，中国在世界产业链的分工中仍处于低端，也就是"世界工厂"的位置。随着中国工业化的发展，对石油、矿产、天然气等资源的需求越来越大，这样一来，对于拥有丰富资源的国家而言，中国就成为了这些国家产品的主要市场，而吸收其大量产品。在货币交易使用上，人民币汇率稳定，对中亚国家具有特殊的重要意义。再加上金融危机的爆发使得中亚国家面临诸多的问题，从而使这些国家对货币多元化的需求更为迫切，这就给人民币在中亚国家的区域化提供了良好的基础条件。

二、空间路径的目标及规划

结合第三章中关于人民币中亚区域化的最优货币区（OCA）指数分析，综合考虑国家规模、区域化指数、国家发展水平、国家政策等因素，本书将实现人民币中亚区域化空间路径目标设定为哈萨克斯坦。哈萨克斯坦作为中亚国家的第一大经济体，其优势不言而喻。因此，应首先将哈萨克斯坦作为人民币中亚区域化的首要推进国，积极推进人民币在哈萨克斯坦的货币职能实现，即计价结算职能、投融资职能、储备职能。然后，通过总结和效仿人民币实现哈萨克斯坦区域化的经验，逐步向中亚其他国家延伸。也就是说，哈萨克斯坦为第一重点推进国，吉尔吉斯斯坦、塔吉克斯坦为第二重点推进国，乌兹别克斯坦、土库曼斯坦为第三重点推进国。需要注意的是，在人民币区域化推进的过程中，不是在一个国家完成人民币区域化后，再推进另一个国家的人民币区域化，而是应该同时推进，只不过是人民币区域化在国家间推进和实现的职能目标表现不同而已。

一是以哈萨克斯坦"去美元化"为切入点促进人民币在哈萨克斯坦发挥货

币储备的职能。哈萨克斯坦在经济发展过程中一直面临着两大难题，即对能源的过度依赖和货币美元化。哈萨克斯坦的经济结构比较单一，其国家收入主要依靠的是能源及资源产品的出口。2015年，国际大宗商品价格持续走低，不但对哈萨克斯坦的财政状况造成冲击，而且还面临货币流动性短缺及货币贬值压力加大等问题。哈萨克斯坦为谋求本国经济发展和货币稳定，采取"去美元化"等措施，但效果并不显著。随着美元进入阶段性走强通道，哈萨克斯坦在新国际经济形势及背景下，将会呈现出美元大量流出的现象，因而，哈萨克斯坦国际储备中的美元资产将呈下降趋势。而人民币的成功加入特别提款权货币篮子，也将有望推动人民币实现在哈萨克斯坦的货币储备职能的发挥。

二是以吉尔吉斯斯坦和塔吉克斯坦的跨境人民币结算规模为切入点，增强人民币的使用黏性。吉尔吉斯斯坦和塔吉克斯坦是中亚区域内经济发展水平较低的国家，两国都面临着基础设施落后、资金匮乏等问题。为了弥补基础设施建设的资金需求缺口，吉尔吉斯斯坦和塔吉克斯坦在对外经济金融合作上常常表现出较强的意愿，主要体现在吸引外资等方面。中国在推进人民币区域化的过程中，可以以资金需求为突破点，借助亚投行和丝路基金等平台，尝试推进以人民币计价的投融资项目，进而带动人民币结算业务的发展。同时，加强区域内银行在结算方面的合作，扩大人民币供给量和业务范围及跨境结算渠道，增强人民币的使用黏性。

三是以中国与乌兹别克斯坦和土库曼斯坦的贸易合作为切入点，加强官方层面的沟通与交流。近年来，中国与乌兹别克斯坦和土库曼斯坦都建立了良好的合作伙伴关系，但由于中国与乌兹别克斯坦在边境上没有接壤，缺乏直接开放的口岸，而土库曼斯坦则是非上合组织成员国家，并且实施中立的外交政策等原因，人民币区域化在这两个中亚国家无论是在官方还是民间都缺乏相应的流通机制。因此，应该以频繁良好的贸易往来为基础，力求促进货币互换协议、国家政治沟通等官方层面的沟通与交流。

第三节　人民币中亚区域化路径实施的具体举措

一、加强霍尔果斯国际边境合作中心的示范效应

自"丝绸之路经济带"建设倡议提出及实施以来，中国与中亚五国之间的贸易投资关系日益加深，便利化程度也呈现出良好的发展态势。2012年4月，"中哈霍尔果斯国家边境合作中心"作为上合组织框架下国际区域经济合作的第一块试验田正式运营。不过，由于基础设施建设不完善、相关法律制度欠缺、人民币离岸业务发展缓慢等问题的存在，该合作中心并未发挥其本应有的重要示范效应。因此，应全面加速对霍尔果斯国际边境合作中心的建设，促进人民币离岸业务的创新发展，加强其示范及扩散效应，进而带动中哈乃至整个中亚区域的人民币区域化的进程。

（一）加快推进霍尔果斯国际边境合作中心的基础设施建设

霍尔果斯国际边境合作中心的快速发展，离不开其基础设施的日益完善。目前，霍尔果斯作为国际一类陆路口岸，具有特殊的交通优势。因此，应在加强多种过货方式的基础上实现霍尔果斯的物流仓储建设及投资力度。同时，加快合作中心相关优惠政策的落地，吸引并推进综合保税区、国际客运站、中亚区域信息交流中心等的投资建设及其建设进程。

（二）有效推动霍尔果斯人民币离岸金融中心的建立

为推动霍尔果斯国际边境合作中心金融功能的发挥，中国人民银行在2015年专门下发了《中哈霍尔果斯国际边境合作中心跨境人民币创新业务试点管理办法实施细则》，为拓展人民币投融资循环渠道提供制度保障。但在人民币创新业务的实际开展过程中，不但表现出规模较小，而且业务单一，仅能办理离岸人民币银行业务等特点，以致难以通过形成离岸人民币资金池来拓宽人民币投融资渠道。因此，霍尔果斯应在其他自贸区拥有的人民币创新业务的成功经验基础上，实施鼓励人民币直接投资、发行人民币债券、放宽对区域内金融资本账户的管制等一系列措施，扩宽人民币流出流入渠道规模，切实把人民币离

岸金融中心建设得更加完美，更加全面，更加有效。

（三）强化和完善配套的法律制度建设

完善的法律制度是实施开展各项经济金融合作的基础。在合作中心内进行的一系列的区域合作，都离不开法律制度的支撑与约束。同时，构建和强化完善配套的法律制度，也有利于对我国与中亚国家合作的法律规范起到积极的推动和示范作用。例如，可以通过借鉴现有的国际离岸金融中心的实践经验，实施相关优惠政策、制定相关金融隐私条例等措施，来保障合作双方的经济利益，避免发生不必要的商业纠纷等。

二、扩大人民币在中亚国家的直接投资规模

人民币区域化实现的重要物质基础是人民币的输出。因此，应借助"一带一路"倡议的平台，积极加大人民币对中亚国家的大型项目建设的投融资，通过政府援助、政策性贷款、混合贷款、债券发行等方式，为中亚国家的基础设施建设提供资金保障，促进人民币向中亚国家的资本输出。同时，加强完善中亚国家的金融基础设施建设，以保障人民币向中亚国家资本输出的实现。

（一）加大人民币对中亚国家的大型项目建设的投融资

一是发挥国家开发银行在大型项目投融资方面的主力军作用，以基础设施互联互通和国际产能合作为重点投资项目，开展跨境人民币贷款业务。中亚各国贷款利率平均在 20% 左右，而人民币贷款利率为 6%~8%，外资企业获取人民币资金成本相对较低，人民币贷款有较大的运行空间。此外，可尝试在贷款运作模式上实现循环式创新，即国家开发银行向境内外企业贷出人民币，用于支付设备采购及工程款。随后，企业再向中方销售项目产品，以获得的人民币资金归还国家开发银行贷款。

二是中国银行等商业性金融机构设立专营人民币贷款的分支机构，助力"丝绸之路经济带"沿线重大投资项目建设。依靠中亚地区金融业务的网络优势，尝试在中亚中心城市设立专营人民币贷款网点，挖掘有潜力有信誉企业和

项目作为借款主体。为有效管控信用风险，设置专业评估部门，负责人民币发放贷款工作。

三是优化中国对中亚国家的投资布局，在合作项目中优先使用人民币交易。将"丝绸之路经济带"建设和供给侧结构性改革有机结合起来，发挥中国在基建设施建设领域的比较优势。同时，可尝试向中亚国家的经济项目提供人民币无息贷款或人民币优惠贷款，主要用以采购中方的技术设备和劳务服务，在推动中国商品服务贸易的同时，提升人民币在中亚区域的货币投融资地位。

（二）强化和完善中亚国家金融基础设施建设

完善的金融基础设施是人民币实现跨地域输出的根本保障，也是满足"丝绸之路经济带"投融资需求的内在要求。因此，应以深化中亚金融基础建设为着力点，推进区域贸易投资便利化进程。目前，中亚国家金融基础设施建设相对滞后，存在贷款利率高、服务意识不强等问题，给贸易往来企业、居民的汇兑、转账、清算带来诸多不便。鉴于此现状，中国和中亚国家应以深化中亚金融基础建设为着力点，加快企业机构走出去步伐，从以下几方面进行调整完善。

一是加快推进金融机构国际化步伐。"丝绸之路经济带"建设倡议为中国商业性金融机构提供了广阔的市场与难得的海外发展机遇。目前，仅有中国银行和中国工商银行在中亚地区布局了业务网络，并且分支机构过少、业务规模太小，整体上与企业海外经营所需的金融服务严重不匹配。为解决中亚地区中国金融机构业务少、数量有限的问题，政府可鼓励大型商业银行运用自设网点和兼并收购等方式建立服务中亚的网点，在业务上不仅提供信用证、托收、汇款等传统结算项目，还提供根据当地金融需求量身定制的特色业务，如财务顾问、融资租赁、工程项目贷款等多元化跨境金融业务。

二是增强企业"走出去"的经营能力。推动实体经济走出去是带动货币区域化的重要途径。中国企业不能满足于只做"世界的加工厂"，一定要通过技术开发和工艺创新，培育出独特优势的商品，努力在高科技领域拥有国际话语权。在"走出去"经营过程中，企业应立足于与东道国实现共赢。了解东道国法律法规和风土人情，找准市场定位，确保企业正常盈利，细分市场，不断提高企业经营绩效。

三是建立安全快捷的人民币跨境支付系统（CIPS）。《2017 年人民币国际化报告》显示，人民币跨境支付系统二期将采用混合结算方式，其正式运营将实现金融市场基础设施连接，大大提高人民币离岸资金的清算效率。还应鼓励中亚地区金融机构加入人民币跨境支付系统（CIPS），实现人民币跨境交易的便捷性和准确性。同时，尽快推动人民币纳入全球重要的外汇交易清算系统，为离岸人民币外汇交易提供标准化结算服务，提高人民币在境外的接受程度。

三、加快实现人民币在中亚区域可兑换

推进人民中亚区域可兑换，为人民币中亚化提供了制度上的便利条件，不但有利于改善中资企业的投资经营环境，而且为进一步提升人民币国际地位奠定坚实基础。虽然目前人民币在经常项目下已开放且在中亚地区能跨境结算使用，但是完全实行人民币中亚区域自由兑换还具有较大风险。因此，我们应遵循"先易后难、循序渐进，风险可控"的原则，逐步开放人民币资本项目，提升中亚地区跨境投资和交易便利化程度，有条不紊地从以下三方面推进人民币中亚国家可兑换的进程。

一是设立中亚人民币自由兑换实验区。作为人民币实现可兑换的过渡手段，选择毗邻中亚地区的新疆设立人民币自由兑换实验区，还可以借鉴上海自贸区内实行的人民币特殊管理政策，使居民、非居民持有的人民币可通过银行途径自由兑换为中亚国家货币或其他国际货币。

二是逐步开放对境内外机构投资者的限制。进一步放宽境外机构发行人民币债券限制，推进中国资本市场向境外机构投资者开放。逐渐扩大合格境外机构投资者（QFII）和合格境内机构投资者（QDII）的投资范围和投资额度上限。有序推进境内机构投资者从事境外证券、债券业务，为便利境内机构主体跨境投融资创造良好的制度坏境。

三是逐渐放开对国内外居民、个人从事境外资本市场的交易限制。基本放开对国内居民从事境外金融交易的规模和范围的限制，有序拓展境外个人投资者参与中国股票、债券市场和人民币标价的金融衍生品市场的投资范围，建立

健全个人跨境投融资权益保护制度，完善沪港通、深港通相关机制，为人民币境内外安全流动和保值增值提供制度保障。

四、推行和发展人民币区域计价结算功能

在中亚能源市场上，美国拥有强大的定价能力，尤其是石油交易，几乎全部以美元计价结算，并不断巩固美元在此地区的霸主地位。中亚与中国有天然的地缘毗邻优势，中国是中亚能源的重要销售市场，但在与中亚石油贸易中的定价话语权和议价权相对较弱。因此，以建立中亚能源金融中心为突破点，推行石油天然气贸易以人民币计价和结算，不但能更好地维护中国能源资源安全，而且对增强人民币区域计价结算功能具有重大现实意义。

为实现中亚能源金融中心建设，中国应从三个层面发力。首先，加强能源领域深层次合作。中亚各国虽然拥有大量油气资源储备，但除了哈萨克斯坦外，其他国家工业化程度较低，而中国石油企业在石油钻井开采、油气资源深加工、装备与工程服务等方面具有技术优势，因此，双方可以在能源开发层面加深合作。中国与中亚五国大型企业可尝试建立以油气勘探开发、运输管道建设、油品销售、贸易结算、油气科研和人才合作为一体的合作产业链，力争与中亚国家在油气全产业链合作上取得丰硕成果。

其次，建立以人民币计价的能源价格体系。2015年能源和大宗商品价格大幅下跌，对中亚主体经济和金融市场造成了严重冲击，而同时也为能源人民币计价提供了机遇。中国政府应积极与中亚国家开展政府间的磋商与谈判，加强双边能源金融合作顶层设计，逐步提升中国在中亚能源交易市场中的话语权，推动一定比例的能源交易以人民币结算，提高人民币在中亚国家石油天然气产品上的定价与结算地位。此外，中国和中亚可以考虑建立以人民币计价的天然气、原油、成品油期货市场，并在此基础上逐步尝试推出能源期权交易，通过维持稳定的能源收益率来获得人民币期货期权定价权。

最后，考虑在新疆建立中亚能源金融中心。充分发挥新疆独特的地缘优势，以完备的能源物流为依托，以国家投资基金为支撑，以能源信息网络系统为桥梁，建立与国际石油储备交易中心配套的人民币能源结算中心，逐步提高我国在中亚石油资源的话语权和定价能力。

第四节　人民币中亚区域化路径实施的保障措施

一、深化经济金融合作，促进区域内经济协调发展

中国与中亚国家间的经济发展水平差异较大，可以通过发挥各自的资源与产业优势，加强经贸往来及技术合作，缩小区域内经济发展水平的差异。

一是积极推动区域内的经贸合作。首先，中国在基建、通信、机电等部分领域存在产能过剩的问题，而中亚国家拥有丰富的能源与矿产，双方可以利用经济结构互补性强的特点，开展经贸合作与技术交流，扩大彼此之间的利益交汇点，分享合作成果。其次，在建设"丝绸之路经济带"背景下，充分利用亚洲基础设施投资银行和丝路基金两大平台，促进区域内港口、交通、通信等基础设施建设。对于基础设施相对薄弱的中亚国家来讲，基础设施建设无疑是至关重要的。加大基础设施建设力度，关键是要解决资金来源的问题。中国可以通过向区域内各成员国提供优惠项目贷款和技术援助贷款等方式，将人民币投向基础设施领域，促进区域经济合作。

二是加强与国际金融机构的合作与协调机制。在上合组织银联体、中亚区域经济合作机制（CAREC）、中国—亚欧博览会、"丝绸之路"金融论坛等已有合作平台的基础上，加强与各国中央银行的货币政策、金融监管等方面的协调与业务合作。抓住人民币成功加入特别提款权货币篮子的契机，与亚投行、世界银行、国际货币基金组织、亚洲开发银行等多边国际金融机构合作。利用政策性、开发性贷款和商业贷款相结合方式，对外输出与沉淀人民币资本。借鉴中国—东盟（10+3）经验，探索建立次区域货币互换网的可行性方案，逐渐培育统一的区域大市场。

三是加强中国与中亚国家的金融货币合作。首先，应该从政策层面加强区域内金融机构的交流合作，并积极建立区域内的金融协调机制，相互沟通和通报区域内的重点问题，为及时解决突发情况提供便利。其次，继续推进中国人民银行与中亚国家中央银行之间签署的双边本币结算协议工作，助推以人民币和中亚国家货币为工具的边贸结算体系在双方银行间的建立。最后，通过区域内银行间的业务合作和沟通，发展和建立代理行关系及开设人民币结算专用账户，为人民币的使用提供便利，也为区域内的企业提供便捷的服务。

二、加强政治对话，有序推进人民币中亚区域化

由于中亚国家地缘政治形势复杂，中国需要加强区域内的政治沟通，保持对话磋商，在尊重对方主权与核心利益的同时，推进人民币中亚区域化。

一是加强中国与中亚国家间的政治协商，建立区域内政策协调机制，把整个区域建设成为同舟共济的利益共同体。二是处理好中亚区域内大国关系。美国和俄罗斯都是中亚区域内具有影响力的大国，中国的不断强大和与中亚国家经济贸易合作的不断扩大，势必会影响到美国和俄罗斯在中亚的利益。因此，人民币中亚区域化过程一定不会是一帆风顺的。美元和卢布依旧在中亚保持着重要的地位，而美国和俄罗斯也会竭尽全力维护各自的利益。人民币中亚区域化过程也要循序渐进地开展，从货币职能三步走角度考虑和设计，推行先贸易结算货币，后投资货币，再储备货币的原则，不可贸然推进。应恰当处理与美元和卢布的关系，并保持与美国、俄罗斯等国的政治沟通，实现各国战略对接与互利共赢，为人民币中亚区域化争取良好的国际经济环境。

三、加强区域安全合作，共建良好的发展环境

中国与中亚国家需秉持睦邻友好理念，建立对话磋商与争端解决机制，加强区域安全合作，共建和平稳定良好的区域贸易环境。

一是加强高层互访，在边界划分、资源分配、市场整合等方面开展磋商，建立利益协调与冲突化解机制，夯实区域合作基础。二是依托上海合作组织平台，扩大利益共识，建立安全合作机制，共同打击恐怖主义、分裂主义、极端主义、毒品交易、跨国犯罪等，建立和平稳定的地区环境。三是构建一个有利于跨境合作的体制和政策环境。在商务、外汇、海关等相关部门的协调整合的基础上，根据管理与服务相结合的原则，构建一个拥有统一管理细则及优惠政策的跨境合作管理体制，为境内企业走出去提供有利帮助及规避风险，提高境内企业走出去的积极性。四是加强区域内法律制度建设。健全的法律体系和良好的法律环境建设是中国与中亚国家良好有效开展经济金融合作的基础。中国与中亚国家现行经济政策和法律法规存在很大的差异，因此，如何协调各国间的经济政策和法律法规是一项重要的工作。目前，在中国与中亚国家进行的经济金融合作中，存在形式松散、合作约束力弱等现象。加强各国间的经济政策

和法律法规协调性，深化法律合作势在必行。可以通过加强具有法律约束力的协议等制度安排、签订经济金融合作的法律条约等方式建立一个高效、稳定、广泛的经济金融合作的法律框架体制。

四、构筑坚实的宏观基础，提供有力的后盾保障

（一）加快我国经济结构调整和经济方式转变

人民币中亚区域化的重要基础条件之一是发达的经济实力。中国实现了长达30余年的高速经济增长，但是在基础设施建设、产业和消费结构升级、环保生态建设以及社会公用事业等方面还有很大的发展空间。主要体现在改善需求结构、调整产业结构、转变经济体制以及转换生产方式等四个方面。具体说来，一是逐步改善由投资需求和出口需求带动经济增长的模式转变为由消费需求驱动经济增长的模式。将扩大消费需求作为渐进式转变国民收入分配格局的重点内容；逐渐提高国民收入分配中居民收入及中低收入人群收入的比重；完善就业政策，健全社会保障体系；将推动服务性消费产业发展作为新的消费增长点。二是通过调整产业结构来促进均衡格局的实现。三是转换经济体制，由政府主导型向市场主导型的过渡。四是转换生产方式，由要素投入为主向效率改进和创新推动为主转换。

（二）增强我国对外贸易的整体竞争能力

人民币中亚区域化的重要基础条件之二是对外贸易的整体竞争能力。因此，转变外贸增长方式，提高国际分工地位是当前的重点任务。具体说来有四个方面。一是优化贸易结构，积极开展海外资源和技术合作，加强自主品牌建设，推动高附加值技术产品出口。二是外贸多元化战略的推行，加强贸易区域合作，鼓励新兴市场的有效拓展，加强与资源能源储备国家的贸易活动，实现双赢。三是充分掌握和利用国际规则，做好国际贸易保护主义策略应对。以扶持本土跨国企业发展为重点，加强人民币在国际贸易中的使用程度。四是中亚自由贸易区建设的推进，争取我国在贸易规则制定上的话语权。将世界先进的服务业发展理念和路径引入其中，积极转变我国进出口商品结构，进一步稳固

贸易大国地位。

（三）积极推动本币结算合作，建立和完善地区贸易结算体系

随着日益频繁的中国与中亚双边贸易往来和投资活动，为了降低贸易投资中使用美元计价结算所带来的风险，加强中国与中亚国家各国之间的本币计价结算具有重要意义。因此，应当加大货币互换协议的签订，进而有效推动本币结算。货币合作包括双边本币互换协议以及双边本币结算协议等。伴随着全球经济金融大势的逐渐回暖，货币互换协议的功能逐渐从应对金融危机转向支持双边贸易和投资。

要保障真正意义上的人民币结算，提高人民币在境外的认可度和接受度，首先要做的就是人民币在境外的资金来源以及使用问题，进而为境外人民币提供使用、保值的渠道，建立人民币资金跨境循环使用路径。这样做的直接作用是有利于为境外主体提供使用人民币的有效资金来源，减少人民币资金短缺的问题；更重要的作用是丰富了境外主体的投资工具，增加其持有人民币资产的主动性和积极性。

（四）加大人民币对外投资和融资

中国对中亚国家的直接投资尚处于初级阶段，无论是投资增长速度，还是投资存量规模都比较小，对所在国影响也不是很大。为推动人民币的区域化进程，有必要放开一些资本管制政策，尝试以人民币对外投资和融资。获准对外直接投资的企业，可以允许在双边贸易往来中使用人民币计价结算的国家和地区试行人民币对外直接投资，以人民币办理境外投资登记手续。鼓励我国商业银行为人民币境外直接投资提供支持，为企业"走出去"提供全方位的金融服务。

（五）完善金融基础设施建设

1. 境外设立分支机构

随着中国与中亚国家贸易投资合作的逐渐加深，人民币在中亚国家的流通和使用范围更加广泛，在境外投资的境内企业也逐渐增多，为了使人民币在中亚国家便于存放以及为境外的境内企业提供资金扶持等，中国政府应适

时出台相应政策措施鼓励境内商业银行及银行监管部门在中亚国家开设分支机构，切实有效地解决企业可能面临的资金结算方式、资金短缺、金融风险等问题。

2. 建立中国与中亚各国的人民币结算平台

为促进中国与中亚国家的金融对外开放程度，可以通过在各国间设立金融结算机构来办理各项金融业务，采取在双方重要的边境口岸互设金融机构和代理行，或在中心城市开设代办行等形式，开放和灵活办理金融业务。在两国企业进行贸易投资合作时，经常会面临拖欠货款、违约等风险，而互设金融结算机构可以有效地发挥银行在贸易投资合作中的信用监督作用，将商业信用转化为银行信用，由银行在该过程中进行监督管理，进而降低企业信用风险。互设金融机构可以更加方便地为进出口企业提供信贷服务，还可以为企业在进行货币结算和兑换时提供便利。

3. 运用经济杠杆的作用，调节人民币跨境流动

人民币的有序跨境流动应该遵循经济规律，避免人为促进而带来的金融风险。例如，利率、汇率等经济杠杆的运用，可以对人民币的跨境流通起到一定的调节作用。但在这一过程中应该加强对"黑钱"和假钞流入的监管。再如，当我国采用高利率时，国内的资产投资收益就会增加，因此，增加了境外人民币因选择高收益的投资资产而流回中国境内的机会；反之，若我国采用低利率时，国内的资产投资收益就会减少，而境外人民币为寻求高额收益率，就会减少回流至中国的可能。同时，国内人民币也有可能为追求高额收益率而发生流出等现象。

人民币的有序流动，不仅是国家实力的体现，同时也是中国经济发展水平的体现。为促进人民币的跨境流通与结算，仍需做出很多努力。一方面，降低银行手续费，简化相应的手续，提高办理业务的速度，尽可能地将贸易结算纳入银行体系中来。另一方面，将民间自发的金融行为通过国家政府的积极引导，使之纳入官方金融管理范围，逐步实现官方金融代替"地摊银行"。目前中国针对"地摊银行"已作出一定的政策让步，承认"地摊银行"在边境地区的合法性。

（六）鼓励金融机构互设分支机构，改善和提高金融服务水平

目前，人民币区域化的一个关键制约因素就是相关的金融服务发展滞后，在双边贸易中缺乏一个高效统一的跨境人民币清算渠道。这一问题主要由两个原因造成：一是部分中亚国家国际金融市场开放程度较低，互设金融机构分支机构的数量较少，金融服务覆盖范围有限；二是部分境内外银行开展人民币结算的积极性不高。一些本土银行受制于目前办理美元结售汇业务获取的固定利益和开办人民币结算业务产生的成本和不确定因素，对于开通双边银行间人民币结算渠道和开展人民币结算业务的意愿不强，动力不足。在这种背景下，境外银行更加缺乏开展人民币结算的动力。

从现实来看，中国与中亚国家金融市场开放具有很大的不对称性。在一定意义上讲，中亚国家金融市场总体对外开放程度远落后于中国，客观上增加了中国金融机构进入这些中亚国家设立分支机构的难度。因此，中国应加大与中亚国家的谈判、沟通、协调力度，促使这些国家进一步提高其金融市场的开放速度，扩大其金融市场的开放领域，为双方金融机构开展多领域、多层次的合作创造有利条件。

首先，积极推动和引导双边金融机构互设分支机构。引导中亚国家的金融机构来华设立分支机构，适当放宽设立机构的条件。鼓励中亚国家金融机构来华参股银行等金融机构，拓宽中亚国家金融资本进入我国的渠道。在控制风险的前提下，适度降低审批条件，鼓励符合条件的中资金融机构到中亚国家设立分支机构，增加其金融服务的覆盖面。

其次，鼓励中资银行开设境外分支机构和境外银行开办境外人民币存款业务，促使人民币有序回流。允许中资银行的境外分支机构面向居民和非居民提供人民币现钞兑换为美元或其他货币的业务，增加境外主体持有人民币的信心。推动中亚各国央行允许其商业银行面对企业和个人开办人民币存款业务。要求国内银行的境外分支对本地银行和外资银行的人民币存款提供转存安排，进而使这些国家银行系统持有的人民币具备一定收益，增加本地银行受理人民币业务的积极性。在总结相关业务经验和提高风险管理水平的前提下，进一步开展人民币贷款、结算、贸易融资等业务，最终提高以人民币计价的整体金融服务水平。

五、深化金融改革，实现区域货币自由兑换

（一）慎重推进资本项目开放

资本项目的开放犹如一把"双刃剑"，既能获取收益，又会面临相应的风险。对大多数发展中国家而言，在不具备健全的市场机制，以及政府不具有足够的经验来从事管理宏观经济和保持稳定的经济发展的基础时，在短时间内推进资本项目的开放具有极大的难度。国际经验表明，资本项目的开放方式中，与激进型相比，渐进型的成功率更大。所以在发展中国家，推进开放资本项目应该采用渐进式的方法。即使是发达国家在开放资本项目时也都会采用渐进式的方法。

对于中国来讲，中国经济金融市场的开放一直备受国际投资者的关注。一旦开放资本项目，必将给国际热钱可能发生在中国的投机行为提供了可乘之机。而实现人民币中亚区域化的前提是人民币可自由兑换，这也就意味着人民币的流出和回流渠道具有合法性，非居民获取人民币的可能性也就越大，因此，将加大中国对人民币的控制难度。例如，当汇率面临波动时，投机行为的存在会加大波动的幅度，增加中国金融管理的风险。另外，还可能会产生洗黑钱、货币政策能力减弱、不确定的货币流速等不可预测的风险。因此，我国在推进资本项目开放时，应该采取审慎的态度，循序渐进。

（二）形成弹性的人民币汇率制度

为提高汇率形成的市场化程度，主要依靠完善人民币汇率形成机制。而这个过程也将使人民币的汇率制度在遵循市场供求的基础上更加具有弹性，并真正实现有管理的浮动汇率制度。

1. 放开人民币汇率决定因素的管制

现阶段，受资本项目管制和非市场化的利率的影响，人民币仍处于不完善阶段，而经常项目外汇收支则是人民币汇率的主要决定基础因素。随着中国经济开放程度的提高，利率市场化及资本项目开放的有序实现，都将促进中国外汇市场供求在经常项目和资本项目间的平衡发展。

2. 增加人民币汇率的灵活性

为使市场的交易主体根据汇率信号能够比较自由地做出反应，我国可以通过放宽人民币汇率的波动幅度，使外汇市场供求关系的变化得到真实有效地反映，减少中央银行的干预频率，进而促进人民币汇率自动形成和自动调节机制不断完善。

3. 改进汇率调节机制

为形成市场基准汇率制度，以提高干预的有效性，中央银行可以通过经济手段和法律手段，建立人民币汇率监测系统及外汇平准基金。中央银行为实现汇率稳定的长期目标主要依靠改变基准汇率来调节汇率的水平及其走向。同时，还可以通过货币市场的调控手段协助外汇市场控制风险，提高管理能力。远期外汇交易的发展，也将有利于汇率机制的改进。

（三）增加中亚人民币存量，完善人民币"回流"机制

货币互换协议的签订和离岸人民币金融业务的试点无疑为人民币"走出去"和"走回来"提供了一个良好的循环机制，更应该充分发挥其实质作用，进一步增加中亚人民币存量和完善人民币"回流"机制。

1. 有效地将人民币转化为具有现实购买能力的货币

货币互换协议可以有效地实现中亚各国金融体系的人民币注入，中亚各国的企业或个人可以通过金融机构借贷人民币，用于购买商品、服务、外汇，或得到人民币出口信贷支持等贸易方式，从而有效地将人民币转化为具有现实购买能力的货币。

2. 扩大人民币在中亚的直接投资规模

扩大人民币在中亚的直接投资规模是人民币"走出去"的重要途径。近年来，我国为推进人民币跨境直接投资的发展不断做出努力，特别是《境外直接投资人民币结算试点管理办法》的出台，取消了一些不必要的行政审批手续，并加强了监管职责，使得人民币跨境直接投资更加容易。但依靠企业自身推进人民币在中亚的直接投资还需国家给予相应配套支持措施：一是鼓励和推动商业银行为企业提供一系列高质量的金融服务方案；二是鼓励企业在中亚使用人民币开展业务，推动人民币真正融入中亚国家的金融市场中。中亚五国都面临

着经济实力薄弱、基础设施建设差等困境。因此，加强基础设施建设和增加资金供给，是中亚国家的迫切愿望。我国应抓住这一契机，通过政策支持鼓励企业进行跨国合作，进而扩大人民币对中亚国家的直接投资，增加人民币在中亚国家的流动性。

3. 鼓励境内金融机构向中亚提供人民币贷款

哈萨克斯坦国内存贷利率一直处于国际较高的水平，这无疑加大了哈萨克斯坦境内企业的融资成本。而在哈萨克斯坦外汇管理政策中，是明确允许国内企业向非居民进行借款的。由此，就增加了境内金融机构向中亚提供人民币贷款的可能性。2013年1月，国家开发银行新疆分行向哈萨克斯坦铜业阿克托盖融资公司发放的人民币贷款，实现了全面的创新与突破，为今后中国金融机构向中亚企业贷款提供了参考。以稳妥推进海外承包项目人民币融资为契机，中亚国家除了基础设施建设欠发达、基础设施建设需求大以外，其自身建设能力也十分有限，更需要国外公司参与当地基础设施工程建设，而中国在工程承包和工程技术上具有明显比较优势。为进一步推动中国海外工程承包的竞争能力，降低金融危机对中亚各国贸易融资的冲击，在一定的范围内对中亚各国的工程主体发放人民币贷款，用于支付向中国进口工程物料款、设备款和中方劳务费用等。

4. 继续推进离岸人民币金融业务试点创新

在现有的政策范围和业务基础上，继续鼓励试点区内的金融机构开展人民币跨境投融资业务，广泛吸纳中亚国家的人民币资金，促进人民币外商直接投资和人民币贷款业务的蓬勃发展，为跨境人民币提供投资平台，带动人民币双向流动。

5. 建立中亚人民币离岸中心

在中亚区域内，加强中国与哈萨克斯坦的沟通合作，推动阿拉木图成为中亚国家的人民币离岸中心，为中亚投资者提供人民币投融资的交易平台。中亚人民币离岸中心可以主要开展人民币的个人业务、债券业务、存贷业务等，并积极创新人民币各项业务，为形成人民币衍生品交易市场奠定良好的基础。

6. 发展互联网金融

互联网金融具有高渗透、快反应、优体验、低成本的优势。其发展不仅能克服中亚国家办理人民币清算的金融机构严重不足的问题，也可以降低人民币的兑换和交易成本，扩大人民币的使用范围和交易量，关键是无需复杂的双边或多边协议，避开了美国、俄罗斯等国家的掣肘，在一定程度上削弱了美元使用惯性的问题。

（四）加强人民币中亚区域化的金融风险防范

货币区域化的一个重要影响因素就是货币币值的稳定。要保持人民币币值稳定，就需要加强金融风险防范体系的建设，并加强金融监管以有效应对和规避风险的发生。

1. 构建人民币跨境流通的监管体系

人民币的跨境流通是一把"双刃剑"，既能够促进人民币中亚区域化的发展，又可能对人民币中亚区域化产生风险和消极作用。因此，加大人民币跨境流通的监管对人民币中亚区域化而言具有重要的意义。

首先，要在边境地区做好人民币进出境的管理工作。对人民币的跨境流通进行实时监控，做好境外人民币的流动规模及方向的调控，并设立有效而实时的预警机制，保障人民币跨境流通的平衡。

其次，加大发挥中央银行对货币流通的调控职能。构建一个监测调控模型，实时掌握人民币进出境的情况和变化，并加强与政府、海关、商务、边防武警等相关单位的联系，形成一个多边监测联动机制。对人民币进出境情况进行实时监控和动态追踪，为有效地进行战略部署提供趋势依据。

最后，增加货币流通监测的日常工作内容。为人民币跨境流通提供一个良好而广阔的监测平台。例如，继续加强推进贸易本币结算协议的签订工作等。

2. 加强不良资本流入控制

获取一国货币的难易程度，直接决定了该国金融市场遭受国际热钱投机行为冲击的难易程度。而实现人民币中亚区域化的前提是人民币可自由兑换，这就给国际热钱可能发生在中国的投机行为提供了可乘之机。人民币实现中亚国家的区域化，也就意味着人民币在世界范围内可以进行自由兑换，人民币的流出和回流渠道具有合法性，非居民获取人民币的可能性也就越大，因此，将会增加我国对人民币的控制难度。例如，当汇率面临波动时，投机行为的存在会加大波动的幅度，增加我国金融管理的风险。

抵御国际金融风险将成为人民币实现中亚区域化后的首要任务。因此，应不断地提高我国金融监管水平及识别、防范和化解金融风险的能力，对进入资本的期限加以控制，防范和监控国际热钱和"黑钱"等的流入。

一般来说，有效地避免不良资本流入，主要可以通过以下途径加以控制。

一是保持稳定的基础货币。为了将货币供应量维持在合理水平，可以通过运用不同的货币政策工具，减少不同流动期限的资本流动引起的基础货币变化所带来的风险。

二是实施适中的利率政策。在一个国家的经济发展中，利率是衡量该国金融发展的重要因素，利率过高或过低都将对该国的经济金融发展产生一定的负面影响。例如，利率过低引起投资者收益减少继而引发资本外逃；利率过高引起投资者收益增加继而引发大量的资本流入。对于发展中国家而言，经常会选择通过高利率来增加国内的资产投资收益，进而有利于国内外资金的进入，并达到治理通货膨胀的效果。但同时这种高利率的政策又会增加国内企业的融资成本，消弱国内企业投资生产的积极性，影响本国经济的正常发展，还可能会存在短期资本的大量流入所形成的资产泡沫以及泡沫破裂所带来的潜在风险。

三是实施有管理的浮动汇率制度。人民币的跨境流通可以直接影响人民币外汇的供需情况。为维持人民币在国内外的供需平衡及价格稳定，真正有效地实施有管理的浮动汇率制度将具有更加重要的作用。

3. 防止资金外逃，避免发生货币替代

在当前国内经济发展趋缓的新形势下，人民币贬值及国内通货膨胀压力变大等情况都将会使得国内资产投资收益降低，国内外资本为追求更高的收益及安全性，将会出现较大程度的外逃现象。为防范该现象的发生及其对我国经济造成的影响，可以采取以下措施。

一是当发生资本外流情况时，切勿通过高利率政策来进行缓解。因为高利率政策的实施，有利于吸引国内外资本，同时会提高本国企业的融资成本，降低企业投资生产的积极性，影响本国的经济发展，进而促使资金外流趋势加剧。国际经验显示，当一国货币贬值时，其国内的资产投资收益将可能产生下降的趋势，进而导致资金外流。从政策上讲，该国一般会提高本国利率，防止

资金外逃性货币替代。这种带有紧缩性的高利率货币政策，短期会起到一定的积极作用，但从长远来看，会产生套利性利率投机，最后影响经济增长。

二是维持本币币值稳定。一般来讲，货币币值不稳定主要表现为在国际市场中本国货币面临升值或贬值的压力。当该国货币面临升值压力时，意味着该国货币在国际市场中的价格将会提高，将会使得本国的对外债务负担减小。但同时国际热钱等也会利用该国货币升值的机会提前进入国内进行投资，获取收益，国内经济也将面临较大的通货膨胀压力。当该国货币面临贬值压力时，意味着该国货币在国际市场中的价格将会下降，就会导致本国的对外债务负担增加，而国际热钱等资本也会为避免收益损失而大规模向外流出。货币币值的波动不但会影响国内经济金融市场，也会波及到国外经济金融市场。因此，维持货币币值稳定具有重要的意义。

三是与货币政策调控方向相适应的财政政策。国际经验显示，在垄断行业中，其资金和项目的来源主要是靠政府推动的。因此，在大部分的发展中国家中，经常会出现财政赤字和低收益经济共同存在的局面。国内通货膨胀压力增大，进而使国际经济贸易缺乏竞争力，造成该国本币实际价值被削减，大幅降低公众对本国货币的信任度，最终出现货币替代的现象。在此基础上单方面地采用紧缩性货币政策，不仅不会解决现有问题，还有可能会产生其他不利因素，影响国内经济的正常增长。所以，当面临资金外逃等现象时，应采取与货币政策调控方向相适应的财政政策。

第八章

结论与展望

8

第一节 结 论

本书对人民币中亚区域化模式与路径进行了深入研究，通过对货币区域化模式的理论及国际实践经验的总结，分析了人民币中亚区域化模式的现状及影响因素，并提出了适合人民币中亚区域化的模式与路径。通过研究，得出以下结论。

第一，中亚国家地处亚欧大陆中心地带，是亚欧大陆的交通要道，具有战略资源和能源蕴藏丰富等特点，必然成为大国争夺的焦点。中亚国家是中国的重要邻国，是中国西北边疆的安全屏障和经贸、能源等领域的战略合作伙伴。

第二，通过对人民币中亚区域化的经济效应的检验可知，中国与贸易密切、规模较小的国家构建货币区的可能性较大。从长期来看，人民币中亚区域化的推进，对中国而言收益是不断扩大的。对于中亚国家而言，人民币区域化具有规模效应。网络外部效应的不断扩大，使得中亚国家能够从中分享更多的利益，形成多赢博弈。

第三，通过对主要货币区域化实践经验进行分析发现，货币区域化要求该国具备强大的经济贸易基础、发达的金融市场及货币价值的稳定性等，而在这些条件具备的基础上，又需要经历一个漫长曲折的过程。

第四，从货币职能角度进行分析，人民币中亚区域化现今仍处于起步阶段。虽然人民币在中亚国家的跨境使用已经取得一定的进展，但从相对比重而言并不占优势。

第五，人民币中亚区域化模式选择的影响因素，不仅包括宏观因素，还包括微观行为选择方面的影响因素。

第六，推动人民币中亚区域化的最佳模式是以市场自发为主、政府推动为辅的层次渐进式的次区域化模式。从空间和职能双层面强调了人民币中亚区域化的模式选择，更多地根据市场发展的需求自发选择和形成，政府则根据市场的选择结果，提供相应的辅助和支持作用。

总之，人民币中亚区域化仍面临诸多困难和挑战。但中国与中亚国家无论从经贸合作基础方面，还是从双方国内外政治经济形势方面看，人民币中亚区域化都具有广阔的前景。

第二节 展 望

人民币区域化是一个复杂而长期需要解决的问题，不仅是一个单纯的货币问题，其涉及许多研究领域及行业。本书的研究只是对人民币中亚区域化的模式和路径做了初步的探索，研究视角还有待进一步拓宽。由于本编者学术水平有限，书中难免存在问题，研究内容还有待深入。

由于部分国家相对封闭，数据或信息有些缺乏，虽然本书在分析研究过程中使用相关变量进行替代，或通过相关文献进行补充，使得分析结果的可信程度得到提高，但是本书研究的深度和全面性还可能在一定程度上受到有限信息及数据的影响。

关于人民币中亚区域化的文献较少，人民币中亚区域化研究还不成体系，因此，对本书的理论支撑尚不够全面也不够坚实。

随着货币区域化理论与实践的逐步发展和推进，关于人民币中亚区域化的研究也会增多，而不再局限于当前这些关于模式与路径的初步探讨。希望本书的研究能够抛砖引玉，为更多的学者提供一些研究基础和思路，真正有效地为实现人民币国际化提供学术参考。

参考文献

[1] Cohen, Benjamin J. The Future of Sterling as an International Currency [M]. London: Macmillan, 1971.

[2] Hartmann, Philipp. The Future of the Euro as an International Currency: A Transactious Perpective[R]. Research Reportno.20.Brussels: Center for European Policy Studies, 1996.

[3] Tavlas. G. The International Use of the US Dollar [J]. World Economy, 1997（20）: 709-49.

[4] Mundell. R. The International Economics: Past, Present and Future [M]. London: Macmillan, 2003.

[5] Swoboda. A. and Mundell, Monetary Problems of the International Economy, University of Chicago Press, 1969.

[6] Brunner, Karl and Meltzer, Allan H, The Uses of Money: Money in the Theory of an Exchange Economy, American Economic Review, American Economic Association, 1971, 61（5）: 784-805.

[7] Chrystal, Alec, K. Demand for International Media of Exchange. The American Economic Review, 1984（5）: 840- 850.

[8] Matsuyama K, N. Kiyotaki, A. Matsui. Toward a Theory of International Currency. Review of Economic Studies. 1993, 60（2）: 283-307.

[9] Tavlas, George S, The "new" Theory of Optimum Currency Areas, The World Economy, 1993（16）.

[10] McKinnon, Ronald, Money in International Exchange. Oxford University Press, 1979.

[11] Devereux, Michael B. and Engel, Charles, Monetary Policy in the Open Economy Revisited: Price Setting and Exchange Rate Flexibility, Review of Economic Study, 2003,（70）.

[12] Friberg, Richard. In Which Currency Should Exporters Set Their Price? Journal of International Economics, 1998, (45).

[13] Frankel J, Wei S. J. Yen Bloc or Dollar Bloc? Exchange Rate Policies of the East Asian Economies, in Takatoshi Ito and Anne O. Krueger, Eds., Macroeconomic Linkage: Savings, Exchange Rates, and Capital Flows [M]. Chicago: University of Chicago Press, 1994.

[14] Eichengreen B. The Euro as a Reserve Currency [J]. Journal of the Japanese and Interbational Economics, 1998, 12: 483-506.

[15] Gerald S. The Suppression of State Banknotes: a Reconsideration [J]. Economic Inquiry, 2000, 38 (4): 600-615.

[16] Shams R. HWWA Discussion Paper [C]. No.169, 2002.

[17] Gerald P, Dwyer G., James R., Lothian J. The Economics of International Monies [R]. CRIF Working Paper, 2003.

[18] Anderson J, Van Wincoop E. Trade Costs [J]. Journal of Economic Literature, 2004, 42 (3): 691-751.

[19] Tavlas G. The International Use of Currencies: The U.S. Dollar and the Euro [J]. Finance &Development, 1998, (35): 46-49.

[20] Hartmann P., Issing O. The International Role of the Euro [J]. Journal of Policy Modeling, 2002, 24 (4): 315-345.

[21] Kindleberger C. The Politics of International Money and World Language (Essays in International Finance, No. 61) [M]. Princeton: Princeton University Press, 1967.

[22] Hayek F. A. Denationalisation of Money: The Argument Refined [M]. London: Institute of Economic Affairs, 1978.

[23] Barro R. J. Reputation in a Modle of Monetary Police Within Complete Information [J]. Journal of Monetary Economics, Vol.17, 1986.

[24] Tavlas G. S. On the International Use of Currencies: The Case of the D.M [R]. IMF Working Paper, 1990.

[25] Maehara Y. The Internationalisation of the Yen and its Role as a Key Currency [J].

Journal of Asian Economics, 1993, 4（1）: 153-170.

[26] Grassman S. A. Fundamental Symmetry in International Payments [J]. Journal of International Economics, 1973,（3）: 105-116.

[27] Giovannini A. Exchange Rates and Traded Goods Prices [J]. Journal of International Economics, 1988,（24）: 45-68.

[28] Donnenfeld S, Zilcha I. Pricing of exports and exchange rate uncertainty [J]. International Economic Review, 1991,（32）: 1009-1022.

[29] Devereux M, Engel C. Endogenous Currency of Price Setting in a Dynamic Open Economy Model [R]. NBER Working, 2001.

[30] Bacchetta P., van Wincoop E. A Theory of the Currency Denomination of International Trade [R].International Finance Discussion, 2002.

[31] Krugman P. R. Vehicle Currencies and the Structure of International Exchange [J]. Journal of Money, Credit and Banking, 1980, 12（3）: 513-526.

[32] Rey H. International Trade and Currency Exchange [J]. Review of Economic Studies, 2001, 68（2）: 443-464.

[33] Eswar Prasad, Lei Li. The Renminbi. Role in the Global Monetary System [R]. The Brookings Institution Working Papers, 2012.

[34] Samar Maziad, Joong Shik Kang. RMB Internationalization: Onshore/Offshore Links[R]. IMF Working Paper, 2012,（133）: 1-12.

[35] Taguchi, H. On the Internationalization of the Japanese Yen. in Takatoshi Ito and Anne O. Krueger, eds., Macroeconomic Linkage[M], Chicago: University of Chicago Press, 1994.

[36] Bayoumi, T., Mauro, P. The Suitability of ASEAN for a Regional Currency Arrangement[N]. IMF Working Paper WP/99/162, 1999.

[37] Goldberg, Linda. Is the International Role of the Dollar Changing? . Federal Reserve Bank of New York Current Issue, 2010, 16（1）.

[38] Kwan, C.H., Wang, Y.J. Monetary Integration ahead of Trade Integration in East Asia. Submission to World Development Bank, 2001.

[39] Gassman, S. Currency Distribution and Forward Cover in Foreign Trade: Sweden

Revisited, 1973[J]. Journal of International Economics, 1976, 6（2）: 215-221.

[40] Tavals and Ozeki, Yuzuro.The Internationalization of Currencies: An Appraisal of the Japanese Yen[J].IMF Working Paper, IMF, Washington D.C.1992.

[41] Mckinnon, R. I. Portfolio Balance and International Payments Adjustment in Monetary Problems of the International Economy[M]. Chicago: University Press, 1969: 199-234.

[42] Chetty V. K., On Measuring the Nearness of Near Moneys[J], American Economic Review, 1969,（59）.

[43] Philipp Hartmann. Currency competition and foreign exchange markets: the Dollar, the Yen and the Euro, Cambridge[M], UK: Cambridge University Press, 1998.

[44] Eichengreen, B. and Frankel, J.Implications of the Future Evolution of the International Monetary System, in SDR and the International Monetary System[EB/OL]IMF, 1996.

[45] Tavalas, G. S. Internationalization of Currencies: the Case of the US Doller and Its Challenger Euro [J]. The International Executive, 1997, 39（5）: 581-597.

[46] 经济观察: 国际金融危机加速人民币区域化, 新华网, 2008-12-25. http://news.xinhuanet.com/newscenter/2008-12/25/content_10558859_1.htm.

[47] 吴富林. 论国际货币与货币的国际化 [J]. 经济学家, 1991（2）: 34-36.

[48] 国务院发展研究中心 "人民币区域化与边境贸易发展政策研究" 课题组. 开拓正规金融渠道——人民币区域化发展现状研究 [J]. 国际贸易, 2003（5）.

[49] 李智, 刘力臻. 货币区域化与国际化发展规律探析 [J]. 经济纵横, 2011（4）.

[50] "一带一路" 助推人民币区域化 [N/OL]. 文汇报, 2015-10-10. http://intl.ce.cn/sjjj/qy/201510/10/t20151010_6667526.shtml.

[51] 刘军梅. 国际货币体系改革中人民币与卢布的竞争和合作 [J]. 社会科学, 2009（4）.

[52] 国务院发展研究中心 "人民币区域化与边境贸易发展政策研究" 课题组. 开拓正规金融渠道——人民币区域化发展现状研究 [J]. 国际贸易, 2003（5）.

[53] 李智, 刘力臻. 货币区域化与国际化发展规律探析 [J]. 经济纵横, 2011（4）.

[54] 李翀. 论人民币的区域化 [J]. 河北学刊，2002（5）.

[55] 张勇长. 东亚货币合作进程中的人民币区域化探讨 [J]. 南方金融，2006（6）.

[56] 巴曙松. 人民币国际化的三个阶段 [J]. 新金融，2007（6）.

[57] 张礼卿，孙志嵘. 货币区域化的收益和代价——兼谈人民币的周边流通和区域化 [M]// 货币跨境流通及边境贸易——外汇管理问题研究. 北京，中国财政经济出版社，2005.

[58] 李晓，李俊久，丁一兵. 论人民币的亚洲化 [J]. 世界经济，2004（2）：25-31.

[59] 贺翔. 人民币区域化战略问题研究 [J]. 河南金融管理干部学院学报，2007（1）.

[60] 王敏. 人民币区域化是化解汇率难题的现实选择 [N]. 上海证券报，2007-12-27.

[61] 邱兆祥，何丽芬. 当前人民币区域化的可行性 [J]. 中国金融，2008（1）.

[62] 姜波克，张青龙. 货币国际化：条件与影响研究综述 [J]. 新金融，2006（8）6-9.

[63] 李继民. 货币国际化研究成果综述 [J]. 首都经济贸易大学学报，2011（2）.

[64] 陈卫东，李建军. 日元国际化过程中值得关注的若干问题——兼论一国货币国际化的基本条件与模式 [J]. 国际金融研究，2010（6）：4-14.

[65] 杨雪峰. 日元作为国际储备货币的实证研究 [J]. 世界经济研究，2010（11）：26-88.

[66] 元惠萍. 国际货币地位的影响因素分析 [J]. 数量经济技术经济研究，2011（2）：3-19.

[67] 黄梅波. 货币国际化及其决定因素——欧元与美元的比较 [J]. 厦门大学学报（哲学社会科学版），2001（2）：44-50.

[68] 杨荣海. 货币国际化与股票市场发展关系的实证分析 [J]. 首都经济贸易大学学报，2012（4）：55-62.

[69] 李稻葵，刘霖林. 人民币国际化：计量研究及政策分析 [J]. 金融研究，2008（11）：1-15.

[70] 冯涛、魏金明. 国际贸易中计价货币选择的决定因素研究——基于微观视角的局部均衡分析 [J]. 世界经济研究，2011（2）：20-26.

[71] 陈彪如. 关于人民币迈向国际货币的思考 [J]. 上海金融，1998（4）：4-6.

[72] 吴念鲁. 未来十年全球经济金融走势及对策思考 [J]. 经济学动态, 2002（6）: 89-93.

[73] 胡智. 人民币国际化模式探讨 [J]. 河北经贸大学学报, 2002（5）: 42-46.

[74] 李晓, 丁一兵. 亚洲的超越——构建东亚区域货币体系与"人民币亚洲化" [M]. 北京: 当代中国出版社, 2006.

[75] 王丰. 人民币国际化的条件与路径选择分析 [D]. 成都: 四川大学, 2006.

[76] 何慧刚. 人民币国际化的模式选择和路径安排 [J]. 经济管理, 2007（5）: 10-15.

[77] 胡定核. 人民币国际化探索 [J]. 特区经济, 1989（1）.

[78] 周凯. 人民币国际化为时尚早——兼与胡定核同志商榷 [J]. 特区经济, 1989.

[79] 赵海宽. 人民币可能发展成为世界货币之一 [J]. 经济研究, 2003（3）.

[80] 刘建华, 许艳杰. 改进中朝边贸人民币跨境流通管理方式 [J]. 中国金融, 2006（7）.

[81] 中国人民银行博州中心支行课题组. 对博州地区推行边境贸易本币结算情况的调查 [J]. 西安金融, 2006（5）.

[82] 曹红辉. 国际化战略中的人民币区域化 [J]. 中国金融, 2006（5）.

[83] 王志萍. 中亚经贸交往与跨境人民币业务发展问题研究 [J]. 西部金融, 2013（3）.

[84] 乌鲁木齐市商业银行运营管理部课题组. 人民币在中亚国家的扩展研究 [J]. 金融发展评论, 2014（5）.

[85] 马广奇, 李洁. 一带一路建设中人民币区域化问题研究 [J]. 经济纵横, 2015（6）.

[86] [日] 黑田东彦. 货币的兴衰 [J]. 东京: 中央公论信社, 2004.

[87] [日] 淹田贤志. 东亚共同体发展之路 [J]. 东京: 中央大学出版部, 2006.

[88] 李海峰, 郑长德, 张合金. 中国大陆、港澳台区域货币一体化分析 [J]. 金融与经济, 2011（1）.

[89] 高铭, 李倩. 人民币区域化在中亚国家的研究 [J]. 时代经贸, 2011（27）.

[90] 何珊, 姜晓兵. 丝绸之路经济带货币合作可行性的实证研究 [J]. 现代商业, 2015（30）.

[91] 李德运, 龚新蜀. 中国新疆与中亚五国边境贸易中人民币区域化初探 [J]. 经

济视角（下旬），2010（4）.

[92] 牟怡楠. 人民币在东盟的区域化途径研究 [J]. 东南亚纵横，2013（1）.

[93] 石巍，王志远. 人民币与卢布国际化进程的比较分析 [J]. 新疆社会科学，2013（6）.

[94] 曹龙骐，陈红泉. 人民币国际化路径研究 [M]. 北京：中国金融出版社，2014.

[95] 何曾，梁晶晶. 货币国际化路径研究——以东盟国家美元化为例 [J]. 东南亚纵横，2015（2）.

[96] 玉素甫·阿布来提. 人民币与中亚五国对外贸易中计价结算问题的研究 [J]. 俄罗斯研究，2008（1）.

[97] 戴跃明. 中亚人民币区域化问题研究 [J]. 投资研究，2008（3）.

[98] 苏治，李进. 人民币区域化的现状与发展战略——以东盟和东亚地区为例 [J]. 财贸经济，2013（4）.

[99] 吴富林. 论国际货币与货币的国际化 [J]. 经济学家，1991（2）.

[100] 姜波克，杨槐. 货币替代研究 [M]. 上海：复旦大学出版社，1999.

[101] 李超. 人民币区域化问题研究 [M]. 北京：中国金融出版社，2011.

[102] 许爱荣. 新疆边境口岸地区推进人民币跨境结算试点的设想 [J]. 新疆金融，2011（6）：92-95.

[103] 周丽华. 中国吉尔吉斯斯坦贸易及投资的国家风险研究 [J]. 武汉金融，2010（11）：34-36.

[104] 秦放鸣，中国与中亚国家区域经济合作研究 [M]. 北京：科学出版社，2010：137.

[105] 人民币业务走俏东南亚. 人民日报，2013-09-01（3）.

[106] 刘文翠，李翠花. 新疆与中亚五国跨境贸易人民币结算存在问题及建议 [J]. 新疆财经，2013（1）.

[107] 孙健，王东. 每天读点金融史：金融霸权与大国崛起 [M]. 北京：新世界出版社，2008.

[108] 王琛. 人民币区域化问题研究 [D]. 中央财经大学，2008.

[109] 布仁吉日嘎拉. 人民币区域化问题研究 [D]. 中央民族大学，2010.

[110] 卡诺. 中亚国家的人民币国家化问题研究 [D]. 华东理工大学，2011.

[111] 姚晓东．基于国际货币合作视角的人民币区域化路径研究 [D]．天津财经大学，2011．

[112] 朱永福．人民币在中亚国家的区域化研究 [D]．华东师范大学，2014．

[113] 李建国．人民币国际化制约因素及推进措施 [D]．东北师范大学，2014．

[114] 王威．人民币国际化模式与路径研究 [D]．宁波大学，2013．

[115] 王倩．东亚货币合作与人民币核心货币地位研究 [M]．北京：清华大学出版社，2013．

[116] 王亮亮．东亚区域货币合作研究 [M]．北京：中国金融出版社，2012．

[117] 习辉．区域货币合作理论与路径 [M]．北京：中国金融出版社，2011．

[118] 邱兆祥．人民币区域化问题研究 [M]．北京：光明日报出版社，2009．

[119] 刘越飞．货币国际化经验与人民币国际化研究 [D]．东北财经大学，2015．

[120] 朱瑞雪．丝绸之路经济带背景下中国与中亚国家区域经贸合作研究 [D]．东北财经大学，2015．

[121] 钟阳．货币国际化影响因素的实证研究 [D]．吉林大学，2013．

[122] 郭建伟．推进中亚"2+X"货币合作 [J]．中国金融，2016（21）．

[123] 郇志坚，刘遵乐．中亚黄皮书：中亚国家发展研究报告（2016）// 人民币在中亚国家的发展研究 [M]．北京：社会科学文献出版社，2016．

[124] 宋晓玲．转换成本视角下的东亚货币博弈研究 [J]．经济经纬，2011（2）．

[125] 许万丰．人民币区域化的成本收益研究 [D]．云南财经大学，2011（5）．

[126] 马军，马雅琼．跨境人民币结算试点推动新疆涉外经济跨越式发展 [J]．金融发展评论，2011（10）．

[127] 薛炜．中国（新疆）边境贸易发展与跨境人民币结算问题研究 [J]．金融发展评论，2012（2）．